超はやわかり 地方公務員法

青木隆・杉谷知也・田中富雄 [著]

学陽書房

はしがき

　本書は、地方公務員昇任試験の受験者、地方公務員法をはじめて学ぶ方が、短時間で地方公務員法の全体像をつかむことを狙いとした薄型のテキストです。

　従来のテキストは、200頁を超えるものがほとんどで、初学者の方が短期間に習得をしようと読み始めてもなかなか最後まで読み切れない、といった声が多数ありました。

　そこで本書は、数多くの類書と比較して最もコンパクトな解説にするべく地方公務員法のエッセンスを1項目1頁で区切り、134の項目にまとめて収録しています。これによって、読者は1日何項目で学習しようといった目安が立てやすくなるほか、覚えるべき分量の多い項目については、①、②などと区分した上で具体的な副題を付けるなど、初学者の方が十分に習得できる量に応じた項目数で対応させるようにしました。

　また、実務等にも活用していただけるよう、重要な行政実例、最高裁判所の判例について引用しています。本書を一通り読んでいただければ、地方公務員法に関する体系的な理解が身に付くことと思います。

　なお、平成26年に人事評価制度の導入等、再就職者による依頼等の規制の導入等に係る地方公務員法の大改正（平成28年4月1日施行）がありましたが、その内容についても反映しています。

　住民の暮らしに直接関わる、身近な地域政府を担う地方公務員は、地方分権の流れとともに求められる役割も変化し、その在り方がいま改めて問われています。地方公務員の人事の根本的な基準を定めている地方公務員法は、地方公務員の在り方に大きく関わる法律であり、当事者である地方公務員の方々には、きちんと理解しておいていただきたい法律です。

　読者の皆さんがそれぞれのスタイルに応じて本書を読んでいただき、地方公務員法についての理解を深められることを願っています。

　平成27年10月

著者を代表して
田中 富雄

超はやわかり地方公務員法 ● もくじ

はしがき 1
法令名の略記 8

1 総　論 9
　地方公務員制度の歴史 10
　日本国憲法と地方公務員法 11
　地方公務員制度の改正 12
　地方公務員制度の基本理念 13
　地方公務員制度の法体系① 14
　地方公務員制度の法体系② 15
　地方公務員制度の法体系③ 16
　地方公務員の範囲 17
　一般職 18
　特別職の種類 19
　地方公社の職員 20

2 人事機関 21
　人事委員会及び公平委員会① 22
　人事委員会及び公平委員会② 23
　人事委員会及び公平委員会③（権限―行政的権限） 24
　人事委員会及び公平委員会④（権限―準司法的権限、準立法的権限） 25

3 任用・人事評価 27
　平等取扱いの原則 28
　情勢適応の原則 29
　任用の根本基準 30
　欠格条項 31
　任命の方法 32

任用の方法及び法的性質 ･･････････････････････ 33
　　競争試験及び選考 ････････････････････････････ 34
　　採用候補者名簿及び昇任候補者名簿 ････････････ 35
　　採用の方法 ･･････････････････････････････････ 36
　　採用内定の取消し ････････････････････････････ 37
　　昇任の方法 ･･････････････････････････････････ 38
　　降任及び転任の方法 ･･････････････････････････ 39
　　任用の付帯条件 ･･････････････････････････････ 40
　　条件付採用 ･･････････････････････････････････ 41
　　臨時的任用 ･･････････････････････････････････ 42
　　任期付採用 ･･････････････････････････････････ 43
　　職員の派遣 ･･････････････････････････････････ 44
　　人事評価 ････････････････････････････････････ 45

4 勤務条件・休業 ･･････････････････････････････ 47

　　勤務条件 ････････････････････････････････････ 48
　　給与 ･･ 49
　　給与決定の原則 ･･････････････････････････････ 50
　　給与均衡の原則 ･･････････････････････････････ 51
　　給与支給の原則 ･･････････････････････････････ 52
　　兼職時の給与 ････････････････････････････････ 53
　　給与請求権の譲渡、放棄及び時効 ･･････････････ 54
　　過払い給与の処理 ････････････････････････････ 55
　　職員組合費の天引き ･･････････････････････････ 56
　　人事委員会の報告及び勧告 ････････････････････ 57
　　特殊な場合の給与① ･･････････････････････････ 58
　　特殊な場合の給与② ･･････････････････････････ 59
　　給料 ･･ 60
　　昇格、昇給、降格及び降給 ････････････････････ 61
　　手当① ･･････････････････････････････････････ 62
　　手当② ･･････････････････････････････････････ 63
　　手当③ ･･････････････････････････････････････ 64

管理職手当　　　　　　　　　　　　　　　65
　特別職の給与・報酬　　　　　　　　　　66
　旅費　　　　　　　　　　　　　　　　　67
　勤務時間　　　　　　　　　　　　　　　68
　時間外勤務命令　　　　　　　　　　　　69
　女性職員の勤務時間等の特例　　　　　　70
　宿直及び日直勤務　　　　　　　　　　　71
　休憩時間　　　　　　　　　　　　　　　72
　週休日及び休日　　　　　　　　　　　　73
　年次有給休暇　　　　　　　　　　　　　74
　その他の休暇　　　　　　　　　　　　　75
　部分休業　　　　　　　　　　　　　　　76
　自己啓発等休業及び配偶者同行休業　　　77
　育児休業　　　　　　　　　　　　　　　78
　大学院修学休業等（教育公務員の研修）　79

5 分限と懲戒　　　　　　　　　　　　　81

　分限処分　　　　　　　　　　　　　　　82
　分限処分の種類　　　　　　　　　　　　83
　分限処分の事由①　降任又は免職　　　　84
　分限処分の事由②　休職又は降給　　　　85
　分限処分の特例　　　　　　　　　　　　86
　分限処分の手続き等　　　　　　　　　　87
　依願休職　　　　　　　　　　　　　　　88
　懲戒処分　　　　　　　　　　　　　　　89
　懲戒処分の種類　　　　　　　　　　　　90
　懲戒処分の事由　　　　　　　　　　　　91
　懲戒処分の範囲と対象　　　　　　　　　92
　懲戒処分の手続き等　　　　　　　　　　93
　分限処分と懲戒処分の違い　　　　　　　94

6 離　職 ……………………………………………………… 95
　　職員の離職 …………………………………………………… 96
　　依願退職 ……………………………………………………… 97
　　定年退職 ……………………………………………………… 98
　　勤務延長 ……………………………………………………… 99
　　再雇用 ………………………………………………………… 100
　　再任用制度の概要 …………………………………………… 101
　　再任用における勤務形態 …………………………………… 102

7 職員の責任 ……………………………………………… 103
　　賠償責任 ……………………………………………………… 104
　　地方自治法に基づく賠償責任 ……………………………… 105
　　刑事責任の意義と刑法上の刑罰 …………………………… 106
　　地方公務員法上の刑事責任（罰則）………………………… 107

8 服務・退職管理 ………………………………………… 109
　　服務の根本基準 ……………………………………………… 110
　　職員の義務及び服務の宣誓 ………………………………… 111
　　法令等及び上司の職務上の命令に従う義務①　法令等に従う義務 … 112
　　法令等及び上司の職務上の命令に従う義務②　職務命令 …… 113
　　信用失墜行為の禁止 ………………………………………… 114
　　守秘義務の意義と秘密の概念 ……………………………… 115
　　守秘義務と秘密事項の発表 ………………………………… 116
　　職務専念義務の概要 ………………………………………… 117
　　職務専念義務の免除 ………………………………………… 118
　　政治的中立 …………………………………………………… 119
　　政治的行為の制限 …………………………………………… 120
　　政治的行為の禁止 …………………………………………… 121
　　政治的目的と政治的行為の関係 …………………………… 122
　　公職選挙法等による政治的行為の制限 …………………… 123
　　公職選挙法以外による政治的行為の制限等 ……………… 124

争議行為等の禁止 …………………………………… 125
職種による争議行為等の禁止 ……………………… 126
争議行為等の実行行為 ……………………………… 127
争議行為等に対する責任 …………………………… 128
営利企業への従事等の制限と許可 ………………… 129
制限される営利企業への行為 ……………………… 130
退職管理の意義と禁止の対象となる職員 ………… 131
退職管理の規制の枠組み …………………………… 132
退職管理における監視体制 ………………………… 133

9 福祉と職員の利益保護 …………………………… 135

措置要求制度の意義と請求権者 …………………… 136
措置要求事項と審査 ………………………………… 137
厚生制度 ……………………………………………… 138
共済制度の意義と概要 ……………………………… 139
年金制度 ……………………………………………… 140
公務災害補償制度 …………………………………… 141
公平審査制度 ………………………………………… 142
労働基本権 …………………………………………… 143
職員団体 ……………………………………………… 144
労務交渉(地方公務員法上の交渉) ……………… 145
労務交渉(団体交渉)① …………………………… 146
労務交渉(団体交渉)② …………………………… 147
労働協約 ……………………………………………… 148
不利益取扱いの禁止 ………………………………… 149
地方公務員法の特例① ……………………………… 150
地方公務員法の特例② ……………………………… 151

10 その他 ……153

- 職員研修 ……154
- OJT と Off-JT ……155
- 単純労務職員① ……156
- 単純労務職員② ……157
- 総務省の協力及び助言 ……158

法令名の略記

- 本書中の法令上条文の引用は、（　）内に記載しているが、その中に法令名のないものは地方公務員法（昭25法261）を示す。
- 条文の引用の記載は次のような表記とした。
〈例〉地方公務員法第3条第3項第1号 ⇒（3③Ⅰ）
- 地方公務員法以外の法令で（　）内に引用略記した法令名は次のとおりである。

略記	正式名称
憲　法	日本国憲法（昭21）
自　治	地方自治法（昭22法67）
自治令	地方自治法施行令（昭22政16）
地　税	地方税法（昭25法226）
国　公	国家公務員法（昭22法120）
地　共	地方公務員等共済組合法（昭37法152）
行　服	行政不服審査法（平26法68）
公　選	公職選挙法（昭25法100）
教　特	教育公務員特例法（昭24法1）
教特令	教育公務員特例法施行令（昭24政令6）
地公労	地方公営企業等の労働関係に関する法律（昭27法289）
地　教	地方教育行政の組織及び運営に関する法律（昭31法162）
地教令	地方教育行政の組織及び運営に関する法律施行令（昭31政令221）
公　営	地方公営企業法（昭27法292）
公営令	地方公営企業法施行令（昭27政403）
地公災	地方公務員災害補償法（昭42法121）
労　組	労働組合法（昭24法174）
労　基	労働基準法（昭22法49）
労基則	労働基準法施行規則（昭22厚生省令23）
育　休	育児休業、介護休業等育児又は家族介護を行う労働者の福祉に関する法律（平3法76）
地公育休	地方公務員の育児休業等に関する法律（平3法110）
地方独法	地方独立行政法人法（平15法118）
国　賠	国家賠償法（昭22法125）
議院証言	議院における証人の宣誓及び証言等に関する法律（昭22法225）
国民投票	日本国憲法の改正手続に関する法律（平19法51）
所　税	所得税法（昭40法33）
給　与	一般職の職員の給与に関する法律（昭25法95）
労　調	労働関係調整法（昭21法25）

1 総論

地方公務員制度の歴史

　日本の地方公務員制度は、戦後、日本国憲法の制定（昭22.5.3施行）により画期的な変革を遂げた。
　それまでは、「天皇の官吏」であり、国家への忠誠と無定量の奉仕が最大の任務とされていた。

● 前史

　地方における公務員制度の前身は、府県の官制については明治11年7月25日に府県官職制が、同19年7月20日に地方官官制が制定されている。また、同21年4月17日には市制及び町村制、同23年5月17日に府県制と郡制が制定され、これらの法律中にもそれぞれ公務員（吏員）に関する規定があった。その服務紀律については同35年2月14日に府県職員服務紀律が、同44年9月22日に市町村職員服務紀律が制定されている。
　このような各種の法令が、地方の公務員の身分取扱いを定めていた状況は、昭和22年に地方自治法が制定された後もしばらく続き、同25年12月に至って、ようやく統一法規としての地方公務員法が制定された。

● 日本国憲法と地方自治法の制定

　昭和20年8月15日を境に、我が国の政治行政制度は一変した。日本国憲法と地方自治法（昭22.5.3施行）の制定が、地方公務員制度の制度確立の根拠となった。
　国民主権主義、全体の奉仕者である公務員、地方自治の本旨に基づく地方公共団体の組織及び運営、そして、地方公共団体の長及びその議会の議員の直接選挙制が日本国憲法に定められた。これを受けた地方自治法は、選任又は就任に当たって特例を必要とする職員（議員、長、副知事及び副市町村長等）及び「職員」（旧　自治172）について規定することにより、日本初の包括的な地方公務員の法制が確立したといえる。
　しかし、この段階は、地方自治の組織法の性格を持つにすぎず、身分法を中心とした統一的基本法の制定が必要とされていたことは、「前史」において述べたとおりである。

日本国憲法と地方公務員法

● 地方公務員法ができるまで

　昭和21年11月、日本国憲法が制定され、地方自治に関する規定が第8章に置かれた。

　昭和22年には、国家公務員法、旧警察法、消防組織法が制定され、警察職員及び消防職員が地方公務員になった。教育職員については、昭和23年に教育委員会法、昭和24年には教育公務員特例法が制定されている。

● 地方公務員法の制定

　このように日本国憲法とその主要関係法令の1つである地方自治法を基本に、地方公務員に関する関係法令が順次整備される中で、地方公務員に関する法律を制定することは早くから想定されていた。昭和22年の地方自治法改正で、172条に4項が設けられ、地方公務員の身分取扱いについては別に法律で定めることが規定されていたのである。

　実際には、国家公務員法の制定からしばらく時間をおいた昭和25年12月13日に「地方公務員法」が制定され、地方公共団体に勤務するすべての職員の統一的基本法が誕生した。このことにより、地方自治の根幹をなす法制度が確立した。

　地方公務員法の制定が遅延した背景としては、地方公務員法の立案作業が行われていた昭和23年7月31日に、当時の騒然たる労働情勢を背景として、公務員の争議行為を禁止する、いわゆる政令201号が公布され、国、地方の公務員の労働基本権が制約されることとなったことが挙げられる。このことが公務員制度に大きな影響を及ぼし、すでに制定されていた国家公務員法についても同年12月に改正法が施行された経緯がある。地方公務員法の立案においても当初の方針が変更され、政令201号の内容を中心とする暫定地方公務員法を制定すべく占領軍当局との折衝が行われたが、当局の了解を得られず、恒久的な地方公務員法の制定を目指したものの、さらに当局との調整に時間を要したとされる。

地方公務員制度の改正

　地方公務員法は、昭和25年12月13日に制定されたが、その後、社会経済情勢の変化とともに、地方公務員法の一部改正や特別法の制定がされてきた。その主なものは以下のとおりである。
① 　昭和27年、地方公営企業法及び地方公営企業等の労働関係に関する法律の制定により、地方公営企業職員の制度が確立し、単純労務職員の暫定的取扱いが定められた。
② 　昭和29年、警察法の全部改正により、警察職員の制度が改められた。
③ 　昭和31年、地方教育行政の組織及び運営に関する法律が制定され、教育委員会制度が改められた。
④ 　昭和40年、地方公務員法の一部改正により、職員団体等に関する規定が整備された。
⑤ 　昭和60年、地方公務員法の一部改正により、定年制が施行された。
⑥ 　昭和61年、男女雇用機会均等法の制定に伴う労働基準法の一部改正により、女性職員の時間外勤務、深夜業の規制等に関する改正が行われた。また、地方公務員等共済組合法の一部改正により、年金制度の改正が実施された。
⑦ 　昭和63年、地方自治法の一部改正により、地方公共団体は土曜開庁方式を実施できるようになった。
⑧ 　平成11年、地方分権の推進を図るための関係法律の整備等に関する法律（いわゆる分権一括法）の制定により、地方事務官制度が廃止された。
⑨ 　平成13年、地方公務員法の一部改正により、新たな再任用制度が導入された。
⑩ 　平成16年、新たな任期付採用制度及び任期付短時間勤務職員制度を導入することになった。
⑪ 　平成26年、地方公務員法及び地方独立行政法人法の一部を改正する法律により、能力本位の任用制度の確立と人事評価制度の導入についての具体的内容が示された。

地方公務員制度の基本理念

　地方公務員法は、日本国憲法の基本原理である国民主権主義のもと、民主的で科学的な近代的公務員制度を確立することを基本理念とし、これを直接の目的としている。歴史的変遷と社会的背景に基づき具体化された近代的公務員制度であるが、今日では、以下の原理により構成されているとされる。

● **全体の奉仕者性**

　日本国憲法 15 条 2 項には、「すべて公務員は、全体の奉仕者であつて、一部の奉仕者ではない。」と規定されている。これを受けて地方公務員法 30 条は、「すべて職員は、全体の奉仕者として公共の利益のために勤務し、且つ、職務の遂行に当つては、全力を挙げてこれに専念しなければならない。」と定めている。公務員は、その地位の根拠が究極において信託者である国民の意思によること、国民全体に奉仕することを基本的な性格として持っている。

● **勤労者性**

　戦前には天皇に対して忠実かつ無定量の奉仕関係にあったが、戦後の制度では勤労の対価である報酬にて生計を維持する勤労者としての性格を持つこととなった。ただし、一般の労働者と比べては、一定の制約を受けることになっている。

● **成績主義（メリットシステム）**

　猟官主義（スポイルズシステム：政治的な官職の割当て）ではなく、成績主義（メリットシステム：試験制度による任用）を採っている。平成 26 年改正前の地方公務員法 19 条 1 項は「受験の資格を有するすべての国民に対して平等の条件で公開」するとして競争試験の平等な公開を規定している。

● **政治的中立性**

　地方公務員についても全体の奉仕者として、首長交代等があっても継続的に行政を執行できるよう、政治的な影響力から保護している。

● **能率性**

　住民の福祉の向上を目指し、最小の経費で最大の効果を挙げることが求められている。

地方公務員制度の法体系①

　地方公務員制度に関する諸法令を大別すると組織法、身分法、特例法及び地方公共団体の自主立法の4つに分けることができる。
　しかし、その区分に従って分類された各法令は、専らその区分に関する事項を規定しているわけではない。このことを前提として各区分ごとの主な法令とその内容を次に概説する。

● **組織法**
　組織法は、地方公共団体の議員の設置、長及び行政委員会の委員とその補助職員の設置、つまり地方公務員の設置を定めた法令である。

①**地方自治法**
　地方公共団体の議会の議員（の定数）、議会事務局の職員、知事・市町村長、副知事・副市町村長、会計管理者、出納員・会計職員、職員、選挙管理委員と書記その他の職員及び監査委員と書記その他の職員等について規定している（自治2編6章、7章）。

②**地方教育行政の組織及び運営に関する法律**
　教育委員会の委員、教育長、事務局の職員及び学校その他教育機関の職員等について規定している。

③**警察法**
　都道府県公安委員会の委員、警察官その他の職員等について規定している。

④**消防組織法**
　消防職員（消防吏員その他の職員）及び消防団員について規定している。

⑤**その他の組織法**
　農業委員会等に関する法律は農業委員会の委員等について、地方税法は固定資産評価審査委員会の委員等について規定している。このほかにも土地収用法、漁業法、労働組合法はそれぞれの委員会の委員について規定している。

地方公務員制度の法体系②

● 身分法

　身分法は、地方公務員の任免、給与、分限、懲戒、服務等その身分に関する取扱いを定めた法律であり、地方公務員法、地方自治法、地方教育行政の組織及び運営に関する法律等がある。

①地方公務員法

　一般職と特別職の区分を定めるとともに、一般職に属する者の任用、人事評価、給与、勤務時間その他の勤務条件、分限等の「職員に適用される基準」について規定している。

②地方自治法

　特別職に属する者の定数、任命の方法、任期、兼業の禁止、離職等について規定している。

③その他の身分法

　地方教育行政の組織及び運営に関する法律は、県費負担教職員の任用、勤務条件の決定根拠、人事評価、研修等について、警察法は、地方警察職員の任用、勤務条件、服務等について規定している。

地方公務員制度の法体系③

● **特例法**

　地方公務員法は、人事行政の根本基準を確立する基本法である（1）が、地方公共団体には多数かつ多種に及ぶ職員がいる。そこで、その職務と責任の特殊性に対応するために地方公務員法の特例を定める法律が必要になる。地方公務員法は、公立学校の教職員等を例示して特例法の制定を認めている（57）。

①**教育公務員特例法**

　以下の事項について規定している。
　1. 公立学校の学長・校長及び教員等の任免、分限、懲戒及び服務
　2. 教員の研修
　3. 教育公務員の兼職等

②**地方教育行政の組織及び運営に関する法律**

　県費負担教職員の身分と任命権の関係、定数、勤務時間その他の勤務条件に係る条例制定権等について規定している。

③**その他の特例法**

　警察法、消防組織法、地方公営企業法は職員の任免等について、地方公営企業等の労働関係に関する法律は、地方公営企業職員の労働組合の結成、労働協約の締結等について規定している。

● **地方公共団体の自主立法**

　地方公共団体は、行政需要、行政規模等において多様である。また、人事行政は各団体の内部事務である。これらの理由から地方公務員法は、職員に関する事項等について各地方公共団体の条例に委ねている（5）。

　そのような自主立法としては、人事委員会（公平委員会）設置条例、職員の定数に関する条例、職員の給与に関する条例、職員の勤務時間に関する条例等がある。

地方公務員の範囲

● 地方公務員の範囲
　日本国憲法は、「地方公共団体の長、その議会の議員及び法律で定めるその他の吏員は、その地方公共団体の住民が、直接これを選挙する。」（憲法93②）と定めている。地方自治法は、「地方公共団体に職員を置く。」（自治172①）と規定している。そして、地方公務員法は、地方公務員とは「地方公共団体のすべての公務員をいう。」（2）としている。

● 地方公共団体
　地方公共団体には、普通地方公共団体である都道府県及び市町村、特別地方公共団体である特別区と地方公共団体の組合、財産区がある（自治1の3）。

● 公務員
　公務員という用語は、政務に当たる者、一般行政事務に従事する者、臨時に労務を提供する者、また、他に職業を持つことが許される委員等を包含した者として用いられている。したがって、地方公務員とは、前述の地方公共団体のいずれかに勤務しているすべての者で、その者が従事する職務の内容や性質は問題にならないとされる。

● 地方公務員であるか否かの判断基準
　地方公務員の範囲は広く、その地方公務員が行う事務の内容、勤務の態様等も多種多様である。そのため、地方公務員であるかどうかを判断し決定する場合に具体的な基準が必要となる。以下の3点が判断の基準とされている。

①**事務の性質**　従事している事務が地方公共団体の事務であるか否か。
②**雇用の性質**　地方公共団体の公務員としての任命行為が行われているか否か。
③**報酬の性質**　地方公共団体から勤務の対価としての報酬を受けているか否か。

一般職

　地方公務員の職については、職務の性質と内容、勤務の態様、選任の方法等の観点からこれを分類することができる。地方公務員法は、地方公務員の職を一般職と特別職に区分している（3①）。また、特別職の職員を限定列挙し（3③）、それ以外の一切の職を一般職としている（3②）。

● **一般職の種類**

①常勤職員と非常勤職員

　常時勤務することを要する職員と要しない職員の区分である。常勤の職員は、条例で定数を定めなければならないこと（自治172③等）、地方公務員共済組合の組合員になること（地共3①Ⅰ、39①）等の規定があるが、両者についての地方公務員法上の身分取扱いに差異はない。条例で定数を定める場合には職務の内容によって区別すべきであり、隔日勤務であっても常勤の扱いとする場合がある（行実昭26.8.25）とされている。

②職員

　「吏員」は日本国憲法93条2項において、「職員」は地方自治法172条1項などにおいて使用されている。しかし、地方公務員法は、職中心の制度を採用しており、身分上の区別をしていない。一方、ほかの法律においては、地方公共団体の職員としたうえで、職務権限の付与等について両者を区別しているものがある（地税1①Ⅲ）。

③職務の種類による分類

　一般職の職員は職務の内容によって、教育公務員、警察職員、消防職員、企業職員、単純労務職員、一般行政職員等に分けることができる。一般行政職員以外の職員については、地方公務員法57条の規定を根拠として各種の特例法が定められている。

　　※国家公務員の場合には、ある職が特別職であるか一般職であるかの決定権は人事院にある（国公2④）。しかし、地方公共団体の場合には、この種の規定がない。そこで、任命権者が決定することになっていると解されている。

特別職の種類

　地方公務員法は、地方公務員の職を一般職と特別職とに区分（3①）し、特別職の職員を限定列挙（3③）している。

　一般職と特別職を区分する判断基準としては、成績主義の原則の適用の有無と終身職としての性格の有無が挙げられる。特別職の地方公務員には、成績主義の原則の適用は必ずしも前提になっていない。また、終身勤務することも予定されていない。

　なお、地方公務員法は、一般職に属する地方公務員に適用することになっている（4）ことから、地方公務員の一般職と特別職の区分には重要な意義がある。

● **住民又はその代表者の信任によって就任する職**
　特別職とは、住民の公選又は地方公共団体の議会の選挙、議決、同意等を得て就任する職のことである（3③Ⅰ）。
　具体的には、地方公共団体の議会の議員及び長（自治17）、副知事及び副市町村長（自治162）、選挙管理委員会の委員、監査委員、教育委員会の委員、人事委員会又は公平委員会の委員、公安委員会の委員等がこれにあたる。

● **非専務職**
　地方公共団体の事務に専ら従事するものではなく、一定の知識経験に基づいて、随時地方公共団体の業務に参画する者又は他の生業を持っていることを前提として特定の場合にのみ地方公共団体の業務を行う者、いわゆる職業的でない公務員のことである。
　具体的には、審議会等の臨時又は非常勤の委員、顧問、参与、調査員、嘱託員及び非常勤の消防団員や水防団員等がこれにあたる。

● **自由任用職**
　特定の知識経験、人的な関係又は政策的な配慮のもとに任命権者が任意に任用する職のことである。
　具体的には、地方公営企業の管理者、企業団の企業長及び地方公共団体の長、議会の議長等の秘書の職で条例で指定するものがこれにあたる（3③Ⅰの2、Ⅳ）。

地方公社の職員

　地方公共団体のすべての公務員は、地方公務員である（2）。しかし、日本国憲法、地方自治法及び地方公務員法を通じて、地方公務員を明確に概念付ける規定はない。そこで、事務の性質、雇用の性質及び報酬の性質の3基準を考慮して判断する（17頁参照）ことになる。しかし、実際にはなかなか判断しにくい場合がある。国家公務員であるかどうかについては人事院が決定する（国公2④）が、地方公務員についてはこのような規定がないので、任命権者が決定せざるを得ない。

　地方公共団体において、その事務の一部を分任する「地方公社」が設立されている。また、地方公社の職員には地方公共団体から出向している者がいるため、地方公社の職員も地方公務員であると考えられがちであるが、先の基準（事務の性質、雇用の性質及び報酬の性質の3基準）に照らして判断する必要がある。

● **地方公社の事務の性質**

　地方公社の成立過程からみれば、本来的には地方公共団体の事務であったが、その事務が地方公社に移された以上、地方公社独自の事務とみるべきである。

● **地方公社の雇用の性質**

　地方公社は独立法人であり、地方公社の任命行為により地方公社の職員となるので、地方公共団体との関係はないとするのが建前である。しかし、実際には地方公共団体が職員を派遣している場合が多い。平成14年4月1日に現在の「公益的法人等への一般職の地方公務員の派遣等に関する法律」が施行されるまでは、退職・再任用、職務専念義務の免除、休職又は職務命令の運用で対応している場合が多かった。しかし、これらの方法に問題があり、法制度の整備が行われた。

● **地方公社の給与の性質**

　地方公共団体から出資又は補助金を受けていても、地方公社の予算から、地方公社の職員に対して給与が支給される。

人事機関

人事委員会及び公平委員会①

● **設置の趣旨**
　地方公共団体の行政は、地方自治の本旨に基づき、民主的、能率的かつ公正に運営されなければならない。そのためには、近代的公務員制度を基礎とした民主的、能率的かつ科学的な人事行政を保障する必要がある。そこで、地方公務員法は地方公共団体の規模に応じ、長から独立した合議制の専門的人事行政機関として、人事委員会又は公平委員会を必ず置くものとしている（7）。

● **委員の積極的資格要件**
　委員が具備していなければならない積極的要件は、人格が高潔であること、地方自治の本旨に理解があること、民主的で能率的な行政運営に理解があること及び人事行政に見識を有することとされている（9の2②）。

● **合議制**
　人事委員会又は公平委員会は、3人の委員によって構成される合議制の行政機関（行政委員会）である（9の2①）。合議制としたことについては、不利益処分を理由とする不服申立て（平成26年の行政不服審査法改正後は、審査請求）に対して裁決をするという準司法的権限の行使、公平かつ専門的な立場からの審議と政治的中立性の確保が考慮されたものである。

● **独立性**
　委員会は、その職責上、地方公共団体の長から独立した地位が与えられる必要があることから、委員会の独立性の保障措置として以下の規定を定め、委員の身分と委員会の独立性を強く保障している。

①**委員の選任方法**
　委員は、議会の同意を得て、地方公共団体の長が選任するとされている（9の2②）。これは、委員の選任に議会を関与させることで長の恣意性を排除するとともに、委員会の独立した地位を保障するためと解されている。

②**委員の身分保障**
　委員の任期は4年である（9の2⑩）。委員は、罷免事由のほか、その意に反して罷免され、失職することがない（9の2⑦）。罷免事由は、地方公務員法9条の2・5項、6項に規定されている。

人事委員会及び公平委員会②

● 中立性

①委員会の政治的中立性

　人事委員会及び公平委員会の委員の選任については、委員のうちの2人が同一の政党になってはならないとされている（9の2④）。また、委員の2人以上が同一の政党に属することになった場合は罷免するものと規定されている（9の2⑤）。

　これは、委員会の構成を一党一派に偏しないようにして、政治的中立性の確保を図るためである。

②委員の兼職の禁止

　人事委員会及び公平委員会の委員は、地方公共団体の議会の議員及び当該地方公共団体の地方公務員の職を兼ねることができない（9の2⑨）。

　これは、委員の職務の政治的中立性、特に公平事務を処理する場合の公平性を確保するためである。

③委員の服務

　人事委員会の委員は常勤又は非常勤とされ、公平委員会の委員は非常勤とされている（9の2⑪）。

　常勤の人事委員会の委員の服務については、職員の服務に関するすべての規定が準用されている。非常勤の人事委員会の委員及び公平委員会の委員については、職務専念義務と営利企業等の従事制限に関する規定を除き、職員の服務に関する規定が準用されている（9の2⑫）。

　これは、委員の服務を一般職の職員と同様に扱おうとする趣旨である。中でも、政治的行為の制限に関する規定の準用は、政治的中立性を保障することになっている。

人事委員会及び公平委員会③
（権限―行政的権限）

　人事委員会は、行政の人的要素である公務員制度、すなわち人事行政の能率性、科学性、公平性の保障を目的とする人事行政機関である。このことから、地方公務員法8条1項等により権限が付与されている。この権限は、その性質により、行政的権限、準司法的権限、準立法的権限（規則制定権）に分類することができる。

　公平委員会は、人事行政の公平性の保障を前提として、公平な人事権の行使と職員の利益の保護を目的とする人事行政機関である。公平委員会の権限は、地方公務員法8条2項等に定められている。その内容は、準司法的権限、準立法的権限及び限定された行政的権限である。

● **行政的権限**

①**人事委員会にのみ属する権限**

　人事委員会にのみ属する権限としては、人事行政に関する調査、人事評価、給与等の研究（8①Ⅰ、Ⅱ）、職員等に関する条例の制定・改廃に係る意見の申出（5②、8①Ⅲ）、人事行政の運営に関する勧告及び給料表に関する報告及び勧告、研修の研究及び勧告、勤務条件の措置要求に関する勧告（8①Ⅱ、Ⅳ、Ⅴ、Ⅸ、26、39④、46、47）、給与の支払いの監理（8①Ⅷ）、職員の採用・昇任のための競争試験及び選考試験の実施（8①Ⅵ、17③、18①）〔ただし、特例として公平委員会が実施できる場合がある（9①）〕、採用候補者名簿の作成（21）、臨時的任用の承認・取消し（22②、④）、労働基準監督機関の職権の行使（58⑤）がある。

②**人事委員会・公平委員会に共通する権限**

　人事委員会・公平委員会に共通する権限としては、管理職員等の範囲の決定（52④）、職員団体の登録・登録の効力の停止及び取消し、解散の届け出の受理（53⑤、⑥、⑩）がある。

人事委員会及び公平委員会④
（権限―準司法的権限、準立法的権限）

● **準司法的権限**

準司法的権限については、人事委員会・公平委員会は同一の権限を有する。その内容は、勤務条件に関する措置の要求の審査等（8①Ⅸ、②Ⅰ、47）、不利益処分に関する不利益申立ての審査（平成26年の行政不服審査法改正後は、審査請求）、裁決又は決定（8①Ⅹ、②Ⅱ、50、行服）、職員団体の登録の取消しの審理（53⑥、⑦）である。

● **準立法的権限**

人事委員会及び公平委員会は、法律又は条例の規定を根拠として、それぞれの権限に属する事項について委員会規則を制定することができる（8⑤）。

①**地方公務員法の規定により、人事委員会規則で定めることとされる事項**

これについては、人事委員会が委任する権限の範囲（8③）、任命の方法の基準（17②）、選考によることができる職（17③）、職制の廃止等により離職した職員の復職要件等（17⑤）、競争試験の受験者の資格要件（19）、採用候補者名簿の作成・採用の方法（21⑤）、臨時的任用の承認基準・資格要件（22②、③）、営利企業への従事等についての任命権者の許可の基準（38②）等を挙げることができる。

②**地方公務員法等の規定により、人事委員会又は公平委員会の規則で定めることとされている事項**

これについては、委員会の議事手続等（11⑤）、勤務条件の措置要求に関する審査・判定の手続及び措置（48）、不利益処分に関する不服申立て（平成26年の行政不服審査法改正後は、審査請求）の手続及び措置（51）、管理職員等の範囲（52④）等を挙げることができる。

③**条例の規定により、人事委員会規則で定めることとされている事項**

これについては、等級別定数、初任給・昇格・昇給等の基準、給与の支給方法、勤務時間及び休暇、分限及び懲戒の手続き、職務専念義務の特例等を挙げることができる。

3 任用・人事評価

平等取扱いの原則

　地方公務員法13条は、「すべて国民は、この法律の適用について、平等に取り扱われなければならず、人種、信条、性別、社会的身分若しくは門地によつて、又は第16条第5号に規定する場合を除く外、政治的意見若しくは政治的所属関係によつて差別されてはならない。」と定めている。本条が日本国憲法14条1項に規定する、いわゆる「法の下の平等」の理念を受けたものであることは明らかである。しかし、日本国憲法14条1項及び地方公務員法13条は、国民に対し絶対的な平等を保障したものではないことから、合理的な理由がある限りは、異なった取扱いをすることを許容するものである。

●「国民」の解釈

　「国民」とは、日本国籍を有する者を意味し、それ以外の者は含まれない。地方公務員法上、日本国籍を有しない者を地方公務員として任用することについて直接の禁止規定はない。しかしながら、地方公務員の職のうち、公権力の行使又は地方公共団体の意思の形成への参画に携わるものについては、公務員の当然の法理からして、日本国籍を有しない者を任用することはできないものと解されている。また、公権力の行使又は地方公共団体の意思の形成への参画に携わる職に就くことが将来予想される職員の採用試験において、日本国籍を有しない者にも一般的に受験資格を認めることは適当ではないとされている（行実昭48.5.28）。

●「性別」による差別と合理的な理由による区別

　以前は、勧奨退職に当たり男女に年齢差を設けることや、独身の女性職員の採用に当たり、結婚したときには退職する旨の誓約書を提出させることなどが問題とされた。今日、しばしば問題となっているのは、男女の昇任（昇格）の差別である。この問題は、個々の職員の勤務実績や能力を公正に評価することによって解決すべきものである。個人差による区別には合理性があり、また、真に能力主義的な人事管理が行われるならば、男女の不当な差別は解消されるものと考えられる。なお、女性職員のみに生理休暇、出産休暇などを与えることは、身体的な相違に基づくものであるから、平等取扱いの原則に反するものではない。

情勢適応の原則

　地方公務員法は、職員の給与、勤務時間その他の勤務条件について、社会一般の情勢に適応するように、随時、適当な措置を講じるべきことを地方公共団体に義務付けている（14①）。また、職員の勤務条件は、条例で定めることになっている（24⑤）。これに対し、民間事業の労働者の労働条件は、労使が対等の立場で「契約自由の原則」に基づいて決定する。このため、民間事業の労働者の労働条件は、社会情勢の変化や経済変動に即応して弾力的、機動的に変更することが比較的容易であるが、職員の勤務条件の場合は、議会の議決を経て条例を改正しなければならないため、社会、経済の動きに弾力的に対応することが比較的困難である。

　人事委員会は、随時、「講ずべき措置」について地方公共団体の議会及び長に勧告することができる（14②）。この規定は、平成16年の改正によって追加されたものであるが、勧告を行うか否か、勧告を行う場合の内容をどのようにするかは、人事委員会の裁量に委ねられている。

● 「社会一般の情勢」とは

　給与、勤務時間その他の勤務条件について均衡の原則（24②、④）が定められており、国家公務員及び他の地方公共団体の職員の勤務条件のほか、当該地域の民間事業の労働者の労働条件や物価の変動、生計費などが、社会一般の情勢を判定する際の基準となる。

● 「適当な措置」とは

　適当な措置とは、職員の給与等の決定にかかわる地方公共団体の各機関が情勢の変化を認識して、それぞれの権限に基づいて取るさまざまな措置をいう。例として、①人事委員会が、職員の勤務条件について調査を行い、その成果を地方公共団体の議会及び長に報告若しくは勧告すること、②地方公共団体の長が、人事委員会の報告又は勧告によって、若しくは自らの判断によって勤務条件に関する条例の改正案及びその実施に必要な予算案を議会に提出すること、③議会が、地方公共団体の長が提出した勤務条件に関する条例の改正案及びその実施に必要な予算案を審議し、議決することなどがある。

任用の根本基準

　職員の任用は、地方公務員法の定めるところにより、受験成績、人事評価その他の能力の実証に基づいて行わなければならない（15）。これは、任用の根本基準であり、成績主義（メリット・システム）と呼ばれる基本原則である。
　任用の方法には、採用、昇任、降任及び転任があり（17①）、例外的に臨時的任用の方法（22②、⑤）がある。
　地方公務員法は、「任用」（15、23②など）と「任命」（6①、17①など）の2つの用語を使っている。「任用」は特定の者を特定の職に就けることを、「任命」は任用のために行う個々の発令行為を示すものと理解されているが、両者を区別する実益はなく、同義の概念と理解してよい。

● **成績主義の原則**
　任用の根本基準として成績主義の原則が定められているのは、第一に人材の確保と育成、第二に人事の公正の確保という、2つの理由によるものである。成績主義と対立する概念として猟官主義（スポイルズ・システム）があるが、これは任命権者などの縁故や個人的なつながり、信頼関係などに基づく任用であり、その長所よりも弊害の方が多いといわれ、成績主義の原則が取られている。

● **能力実証の方法**
①**受験成績**　職員の採用及び昇任は、競争試験又は選考によるものとされ（17の2①、②、21の4①）、これらの競争試験又は選考の受験結果により、その成績の上位者から採用又は昇任するのが原則である。
②**人事評価**　職員の執務については、その任命権者は定期的に人事評価を行わなければならず（23の2①）、任命権者は、人事評価を任用、給与、分限その他の人事管理の基礎として活用する（23②）。
③**その他の能力の実証**　教員、医師、薬剤師、看護師、保健師、自動車運転手など法律に基づく免許制度がある場合に、その免許を有すること、あるいは特定の職務に関して一定の職務経歴を有するなど客観的な事実があることをいう。

欠格条項

　地方公務員の職は広く国民に公開されるべきであり、採用試験は、人事委員会等の定める受験の資格を有する全ての国民に対して平等の条件で公開されなければならない（18の2）。しかしながら、国民の中には、公務員に就かせることが適当でない者がいる。このため、地方公務員法は、職員となること又は職員となるための競争試験若しくは選考を受けることができない者を定めている。すなわち、それは資格を欠くことであり、欠格条項と呼ばれる（16）。欠格条項に該当しないことは採用に当たっての条件であるだけでなく、職員としての身分を継続して保持するための条件でもあり、職員となった後に欠格条項に該当することとなった場合は、当然にその職を失うこととなる（28④）。

　なお、欠格条項該当者を採用してしまった場合、当該採用は当然無効であるが、採用後にその者の行った行為は、事実上の公務員の理論により有効である。また、その者に対して支払われた給与は、その間労務の提供があるので返還の必要はない。

● **法の定める欠格条項**

　①成年被後見人又は被保佐人（16Ⅰ）、②禁錮以上の刑に処せられ、その執行を終わるまで又はその執行を受けることがなくなるまでの者（16Ⅱ）、③当該地方公共団体において懲戒免職の処分を受け、当該処分の日から2年を経過しない者（16Ⅲ）、④人事委員会又は公平委員会の委員の職にあって、60条から63条までに規定する罪を犯し刑に処せられた者（16Ⅳ）、⑤日本国憲法施行の日以後において、日本国憲法又はその下に成立した政府を暴力で破壊することを主張する政党その他の団体を結成し、又はこれに加入した者（16Ⅴ）が欠格条項にあたるとされる。

● **欠格条項の特例**

　条例で欠格条項の特例を定めることができることとしているが、欠格条項は合理的かつ客観的に公務にふさわしくないものを限定列記しており、その特例を条例で定める余地はほとんどないと考えられている。

任命の方法

　地方公務員法は、「任用」（15、23②など）と「任命」（6①、17①など）の2つの用語を使っている。「任用」、「任命」の両者を区別する実益はなく、同義の概念と理解してよい（30頁参照）。

　職員の職に欠員を生じた場合においては、任命権者は、採用、昇任、降任又は転任のいずれかの方法により、職員を任命することができる（17①）。ただし、緊急の場合、臨時の職に関する場合など特定の場合には、臨時的任用の方法によることができる（22②、⑤）。

● **任命の方法**
① **採用**　職員以外の者を職員の職に任命すること（臨時的任用を除く。）をいう（15の2①Ⅰ）。
② **昇任**　職員をその職員が現に任命されている職より上位の職制上の段階に属する職員の職に任命することをいう（15の2①Ⅱ）。
③ **降任**　職員をその職員が現に任命されている職より下位の職制上の段階に属する職員の職に任命することをいう（15の2①Ⅲ）。
④ **転任**　職員をその職員が現に任命されている職以外の職員の職に任命することであって昇任及び降任に該当しないものをいう（15の2①Ⅳ）。

● **任命の手続き**
　職員の任命について、地方公務員法は各種の規定を置いているが、その要点は次のとおりである。
①　職員の任用は、平等取扱いの原則（13）、任用の根本基準（15）及び不利益取扱いの禁止（56）の規定に従って行われなければならない。
②　欠格条項（16）に該当する者を採用することはできない。
③　採用及び昇任については、競争試験又は選考により、任命しようとする職の属する職制上の段階の標準的な職に係る標準職務遂行能力などを有するかどうかを判定し、合格した者の中から任命する（17の2①、②、20①、21の2①、21の3、21の4①）。降任及び転任については、当該職員の人事評価その他の能力の実証に基づき任命する（21の5①、②）。

任用の方法及び法的性質

● **任用の方法**

　任用の方法には、正式任用と臨時的任用との2種類がある。臨時的任用は、緊急の場合、臨時の職に関する場合又は採用（昇任）候補者名簿がない場合に行う例外的な方法であり、任用期間は6月を超えないものである（6月を超えない期間で1回のみ更新可能）（22②、⑤）。

● **任用の法的性質**

　任用のうち、特に職員の採用について、それが行政法学上の行政行為であるという説と、公法上の契約であるという説との対立がある。両説の違いは、行政庁、任命権者といった当局の優越的な立場を認めるか、あるいは当局と職員との対等な立場を認めるかという点にある。

　公務員の身分は、分限及び懲戒に関する規定によって保障され、自由な合意、契約としての取扱いがなされていないこと（勤務条件は法律及び条例で定められる。）、労使対等の原則の適用がないこと（地方公営企業職員及び単純労務職員並びに特定地方独立行政法人の職員には適用がある。）、服務上の義務が法定されていること、任用の根拠となる法律が任命又は任免という用語を使用していることなどから判断して、公務員の採用は行政行為であると解するのが妥当である。しかしながら、個人の意思に反して強制的に公務員として採用することは認められないので、公務員の採用は「相手方の同意を要する行政行為」と考えるべきである。

　また、地方公営企業職員及び単純労務職員並びに特定地方独立行政法人の職員には、労使対等の原則に基づく団体協約の締結が認められており（地公労7、附則⑤）、その採用は契約的色彩が強いが、同時に任用の手続きが法定され、分限及び懲戒に関する規定による身分保障も行われていることから、公法上の契約と考えられる。

競争試験及び選考

　職員の任用は、地方公務員法の定めるところにより、受験成績、人事評価その他の能力の実証に基づいて行わなければならないという成績主義の原則によっている（15）。任用のうち、特に採用及び人事委員会規則（競争試験等を行う公平委員会では公平委員会規則）で定める職（人事委員会を置かない地方公共団体においては、任命権者が定める職）への昇任については、競争試験又は選考によることとしている（17の2①、②、21の4①）。競争試験及び選考は、人事委員会（人事委員会を置かない地方公共団体においては、任命権者とする。以下「人事委員会等」という。）が行う（18①、21の4④、⑤）。

● **競争試験**

　競争試験とは、不特定多数の者を対象として、筆記試験その他の人事委員会等が定める方法により相互に競争させ、その成績によって受験者間に順位を定めて選抜する方法である。

　採用のための競争試験（以下「採用試験」という。）は、人事委員会等の定める受験の資格を有する全ての国民に対して平等の条件で公開されなければならない（18の2）。人事委員会を置く地方公共団体において採用試験を行った場合、当該人事委員会は、試験ごとに採用候補者名簿を作成する（21①）。この採用候補者名簿には、採用試験において合格点以上を得た者の氏名及び得点を記載する（21②）。

　昇任のための競争試験（以下「昇任試験」という。）は、人事委員会等の指定する職に正式に任用された全ての職員に対して平等の条件で公開されなければならない（21の4④）。また、人事委員会を置く地方公共団体における昇任試験では、採用候補者名簿と同様に昇任候補者名簿が作成される（21の4④）。

● **選考**

　選考とは、競争試験以外の能力の実証に基づく試験であり（17の2①）、特定の者について、任命しようとする特定の職に就けることが相応しいかを個別に判定するものである。

採用候補者名簿及び昇任候補者名簿

　人事委員会（競争試験等を行う公平委員会を含む。以下同じ。）を置く地方公共団体において採用のための競争試験（以下「採用試験」という。）を行った場合、当該人事委員会は、試験ごとに採用候補者名簿を作成する（21①）。この採用候補者名簿には、採用試験において合格点以上を得た者の氏名及び得点を記載する（21②）。

　また、人事委員会を置く地方公共団体における昇任のための競争試験では、採用候補者名簿と同様に昇任候補者名簿が作成される（21の4④）。

● **採用候補者名簿**

　採用候補者名簿は、「試験ごとに」作成される。例えば、上級試験についても、行政、経済、土木等の試験区分ごとに作成することになる。

　名簿を作成するに当たって、例えば、男女別に作成するなど、得点以外の要素を考慮することができるかが問題となるが、この名簿によって具体的な採用手続きが行われることから、国民すべてについて平等に取り扱わなければならないこと（13）、職員の任用は、受験成績などに基づいて行わなければならないこと（15）から、そのようなことはできないと解されている（行実昭28.6.3）。

　任命権者は、人事委員会から提示された採用候補者名簿に記載された者の中から職員を採用する（21③）。採用候補者名簿に記載された者の数が採用すべき者の数よりも少ない場合などには、人事委員会は、他の最も適当な採用候補者名簿に記載された者を加えて提示することができる（21④）。

　また、地方公務員法に定めるものを除くほか、採用候補者名簿の作成及びこれによる採用の方法に関し必要な事項は、人事委員会規則で定めることになる（21⑤）。この人事委員会規則において、採用候補者名簿は人事委員会の議決によって確定される旨のほか、作成に関しては、名簿からの削除、名簿への復活、名簿の訂正、名簿の失効等について規定される。

● **昇任候補者名簿**

　採用候補者名簿に関する規定は、昇任候補者名簿に関しても準用される（21の4④）。

採用の方法

　人事委員会(競争試験等を行う公平委員会を含む。以下同じ。)を置く地方公共団体においては、職員の採用は競争試験によるものとする。ただし、人事委員会規則で定める場合には、選考(競争試験以外の能力の実証に基づく試験をいう。以下同じ。)によることを妨げない(17の2①)。また、人事委員会を置かない地方公共団体においては、職員の採用は競争試験又は選考によるものとする(17の2②)。

　なお、採用のための競争試験(以下「採用試験」という。)又は選考は、人事委員会(人事委員会を置かない地方公共団体においては、任命権者とする。以下「人事委員会等」という。)が行う(18)。

● **採用試験による職員の採用**

　採用試験は、受験者が、当該採用試験に係る職の属する職制上の段階の標準的な職に係る標準職務遂行能力及び当該採用試験に係る職についての適性を有するかどうかを正確に判定することを目的としており(20①)、筆記試験その他の人事委員会等が定める方法により行う(20②)。

　人事委員会を置く地方公共団体における採用試験による職員の採用については、人事委員会は試験ごとに採用候補者名簿を作成し(21①)、任命権者が、人事委員会の提示する当該名簿に記載された者の中から行う(21③)。採用候補者名簿に記載された者の数が採用すべき者の数よりも少ない場合等には、人事委員会は、他の最も適当な採用候補者名簿に記載された者を加えて提示することができる(21④)。

● **選考による職員の採用**

　選考は、当該選考に係る職の属する職制上の段階の標準的な職に係る標準職務遂行能力及び当該選考に係る職についての適性を有するかどうかを正確に判定することを目的としており(21の2①)、選考による職員の採用は、任命権者が、人事委員会等の行う選考に合格した者の中から行う(21の2②)。

採用内定の取消し

　地方公共団体が職員を採用するに当たっては、競争試験又は選考が行われ（17の2①、②）、それに続く採用のための一定の手続きが行われるため、実際に職員を採用するまでには、一定の期間が必要である。そこで、採用予定者を確保するために、採用を内定しておくことが一般的に行われている。この場合、採用内定の取消しが問題となる。

● **採用内定の法的性質**
　公務員の採用は、「相手方の同意を要する行政行為」と解されている。したがって、採用予定者に対しての職員として採用する予定であることの通知（採用内定通知）は、採用内定に関する法律の規定がない以上、単に採用を円滑に行うための準備行為にすぎず、法的効力は認められないので、そのような通知を出したとしても、期限の到来によって当然に職員としての地位に就くわけではないし、任命権者が採用する義務を負うこともない（「東京都建設局職員採用内定取消事件」最判昭57.5.27）。
　これに対して、民間企業における採用内定については、それが解約権留保付労働契約を成立させるものであり、その取消し（解約権の行使）を自由に行うことができるわけではないと解されている（「大日本印刷事件」最判昭54.7.20）。

● **採用内定の取消しの効果**
　採用内定は法律的な効果はないので、採用内定を取り消すことは、何ら行政庁の処分には当たらない。したがって、信義則上特段の事由がなければ、内定どおりに採用すべきであるということはいえるが、これを正当な理由がなく取り消した場合であっても、職員として採用されることを期待して他の就職の機会を放棄する等の事例について、損害賠償の問題が生じるのみであるとされている。

昇任の方法

　職員の昇任は、任命権者が、職員の受験成績、人事評価その他の能力の実証に基づき、任命しようとする職の属する職制上の段階の標準的な職に係る標準職務遂行能力及び当該任命しようとする職についての適性を有すると認められる者の中から行う（21の3）。

　任命権者が職員を人事委員会（競争試験等を行う公平委員会を含む。以下同じ。）規則で定める職（人事委員会を置かない地方公共団体においては、任命権者が定める職）に昇任させる場合には、当該職について昇任のための競争試験（以下「昇任試験」という。）又は選考（競争試験以外の能力の実証に基づく試験をいう。以下同じ。）が行われなければならない（21の4①）。なお、人事委員会は、前記の人事委員会規則を定めようとするときは、あらかじめ、任命権者の意見を聴かなければならない（21の4②）。

● **昇任試験による職員の昇任**

　昇任試験は、人事委員会（人事委員会を置かない地方公共団体においては、任命権者とする。以下「人事委員会等」という。）の指定する職に正式に任用された職員に限り、受験することができる（21の4③）。また、昇任試験は、受験者が、当該昇任試験に係る職の属する職制上の段階の標準的な職に係る標準職務遂行能力及び当該昇任試験に係る職についての適性を有するかどうかを正確に判定することを目的としており、筆記試験その他の人事委員会等が定める方法により行う（21の4④）。

　人事委員会を置く地方公共団体における昇任試験による職員の昇任については、人事委員会は、試験ごとに昇任候補者名簿を作成し、任命権者が、人事委員会の提示する当該名簿に記載された者の中から行う。昇任候補者名簿に記載された者の数が昇任すべき者の数よりも少ない場合等には、人事委員会は、他の最も適当な昇任候補者名簿に記載された者を加えて提示することができる（21の4④）。

● **選考による職員の昇任**

　選考による職員の昇任は、任命権者が、人事委員会等の行う選考に合格した者の中から行う（21の4⑤）。

降任及び転任の方法

　降任は、昇任の場合の逆であるが、そのことは職員に対する不利益な取扱いを意味するので、地方公務員法は一定の場合に限って行うことができるとしている。分限処分としての降任がこれに当たり、職員をその職員が現に任命されている職より下位の職制上の段階に属する職員の職に任命することをいう（15の2①Ⅲ）。ある職に就いている職員を部付や課付にする場合、個々のケースについて判断する必要があるが、給料が下がるなど、明白に職位の評価が下がった場合以外は、必ずしも降任とはならない。いわゆる待命のための部付、課付などは一時的なものであり、降任には該当しないものと解されている。

　転任は、昇任及び降任以外の方法による異動であるから、現に任命されている職よりも上位でもなく下位でもない職への異動、すなわち横滑りの異動を意味し、昇任と同じく地方公務員法32条の職務命令としてなされるものであり、職員はこれを拒むことはできない。また、転任は横滑りであるため不利益処分には該当しないが、個別の事案においては、転任が不利益処分に該当するか否か、本人の同意が必要か否かについて争われることが少なくない。

● **降任の方法**

　任命権者は、職員を降任させる場合には、当該職員の人事評価その他の能力の実証に基づき、任命しようとする職の属する職制上の段階の標準的な職に係る標準職務遂行能力及び当該任命しようとする職についての適性を有すると認められる職に任命する（21の5①）。

● **転任の方法**

　職員の転任は、任命権者が、職員の人事評価その他の能力の実証に基づき、任命しようとする職の属する職制上の段階の標準的な職に係る標準職務遂行能力及び当該任命しようとする職についての適性を有すると認められる者の中から行う（21の5②）。

任用の付帯条件

　職員を任用する際に、一定の条件を付けることができるかが問題となる。
　職員の任用は、あらかじめ、その職員の受験成績、人事評価その他の能力の実証に基づいて行われるが、その職員がその職に適しているか否かは、職に就いた後でなければ明らかにならない。そのため、制定当初の地方公務員法では、職員の採用及び昇任は全て条件付のものとされたが、昭和29年の改正によって、現在のように採用についてのみ条件付とすることとされた。
　条件付採用のように、法律によって一定の条件が付けられた場合は問題ないが、これ以外に任命権者が任意に条件を付けることは、職員の身分を不安定にするため許されないものと解される。

● 条件付採用の概要
　臨時的任用又は非常勤職員の任用の場合を除き、職員の採用は、全て条件付のものとし、その職員がその職において6月を勤務し、その間その職務を良好な成績で遂行したときに正式採用になる（22①）。勤務日数が少ない等の理由のため、人事評価その他の能力の実証ができない場合もあるので、人事委員会（競争試験等を行う公平委員会を含む。また、人事委員会を置かない地方公共団体においては、任命権者とする。）は条件付採用の期間を1年に至るまで延長することができる（22①）。

● 任期付採用
　職員の任用は、期限の定めのない終身雇用とすることが地方公務員法の原則であったが、行政の情報技術（IT）化や高度化に伴い、専門的な知識経験又は識見を有する外部の専門家を柔軟に採用する必要が生じてきた。そこで、「地方公共団体の一般職の任期付研究員の採用等に関する法律」が平成12年に、「地方公共団体の一般職の任期付職員の採用に関する法律」が平成14年に制定された。任期は、任期付研究員のうち招へい型にあっては原則として5年以内、若手型にあっては原則として3年以内、また、任期付職員にあってはいずれも5年以内である（43頁参照）。

条件付採用

　臨時的任用又は非常勤職員の任用の場合を除き、職員の採用は、全て条件付のものとし、その職員がその職において6月を勤務し、その間その職務を良好な成績で遂行したときに正式採用になる（22①）。勤務日数が少ない等の理由のため、人事評価その他の能力の実証ができない場合もあるので、人事委員会（競争試験等を行う公平委員会を含む。また、人事委員会を置かない地方公共団体においては、任命権者とする。）は条件付採用の期間を1年に至るまで延長することができる（22①）。

　職員の採用は、競争試験又は選考の方法による能力の実証を経て行われるものであるが、これらの方法は、実際の勤務環境とは異なる環境の中で書面により、あるいは限定された時間内で行われるものであり、そこでの実証の程度には限界がある。そこで、現実の職場における勤務の中で、職務遂行の能力を観察し、それが確認されたときに正式採用とするというのが条件付採用の制度であり、これは民間における試みの使用期間（労基21 Ⅳ）と同じ性質のものである。

　職務遂行能力があると確認された職員は、条件付採用期間終了の日の翌日に正式採用となるものであり、正式採用について別段の通知又は発令行為は要しないものとされている。

● **条件付採用期間中の職員の身分取扱い**

　条件付採用期間中の職員は、それが試用期間であるため、地方公務員法の規定のうち身分保障に関する規定及び不利益処分に関する審査請求に関する規定並びに行政不服審査法の規定が適用されない（29の2①）ほかは、正式採用になっている職員と何ら異なるものではない。なお、分限について条例で必要な事項を定めることは可能とされている（29の2②）。

● **条件付採用期間に関する特例**

　県費負担教職員については、地方教育行政の組織及び運営に関する法律40条により、公立の小学校等の校長又は教員については、教育公務員特例法12条2項により特例が定められている。

臨時的任用

　臨時的任用は、地方公務員法17条の正式任用の特例であり、それを行うことができるのは一定の場合に限定されている。

● **臨時的任用ができる場合**

　人事委員会（競争試験等を行う公平委員会を含む。以下同じ。）を置く地方公共団体の場合は、①緊急の場合、②臨時の職に関する場合又は③採用（昇任）候補者名簿がない場合（22②）に限られ、人事委員会を置かない地方公共団体の場合は、①緊急の場合又は②臨時の職に関する場合（22⑤）に限られる。

● **臨時的任用の手続き**

　任命権者が臨時的任用を行うに当たっては、人事委員会を置く地方公共団体にあっては人事委員会の承認が必要である（22②）が、人事委員会を置かない地方公共団体は、任命権者の判断で臨時的任用ができ、特段の手続きを要しない。この人事委員会の承認は、個々の職員についてではなく、臨時的任用を行おうとする職についてであると解されている。また、正式任用の例外なので、競争試験又は選考の方法による能力の実証を必要としないが、人事委員会は資格要件を定めることができる（22③）。

　臨時的任用の期間は、原則として6月以内であるが、6月以内の期間に限り1回だけ更新することができる。しかし、その後の更新は許されていないので、1年を超えることはできない（22②、⑤）。

● **臨時的任用職員の身分取扱い**

　臨時的任用職員は、その任用期間が短期なので、地方公務員法の規定のうち身分保障に関する規定及び不利益処分に関する審査請求に関する規定並びに行政不服審査法の規定が適用されない（29の2①）。しかし、分限について条例で必要な事項を定めることは可能とされている（29の2②）。

　更に、臨時的任用は、正式任用に際して、いかなる優先権をも与えるものではない（22⑥）。

　その他の服務、懲戒及び給与等に関する規定は、原則として正式任用の職員と同様に適用されるが、転任や昇任、昇給が行われることはあり得ない。

任期付採用

　職員の任用は、期限の定めのない終身雇用とすることが地方公務員法の原則であるが、大規模なイベントの企画・立案・実行など、一定の期間に事務が集中し、その期間の経過によって終了する事務のために、一定の期間に限って職員を任用することが適当な場合がある。地方公務員法には、臨時的任用（22②、⑤）及び定年退職者等の再任用（28の４～６）の制度があるが、平成12年に「地方公共団体の一般職の任期付研究員の採用等に関する法律」が、平成14年に「地方公共団体の一般職の任期付職員の採用に関する法律」が制定されたほか、「地方公務員の育児休業等に関する法律」も平成14年から施行された改正規定によって、任期を定めた採用の制度を導入している（地公育休６①Ｉ）。

● 一般職の任期付職員の採用

　「地方公共団体の一般職の任期付職員の採用に関する法律」では、専門的な知識経験に着目するもの（同法３）、時限的な業務に対応するもの（同法４）及び短時間勤務職員に係るもの（同法５）の３種類を規定し、条例で定めるところにより採用することができる（任期はいずれも最長５年）。

　専門的な知識経験に着目しての任期付採用には、①高度の専門的な知識経験又は優れた識見を有する者を一定期間、特に必要な業務に従事させる場合（これに該当して採用された職員を「特定任期付職員」という。）及び②専門的な知識経験を有する者を、期間を限って必要な業務に従事させる場合（これに該当して採用された職員を「一般任期付職員」という。）がある。

● 一般職の任期付研究員の採用

　公設試験研究機関において、専門的な知識経験などを有する人材を積極的に受入れ、研究者相互の交流を推進するため、「地方公共団体の一般職の任期付研究員の採用等に関する法律」では、招へい研究員型（任期は原則として５年（特に必要があるときは７年、特別の計画に基づく研究業務に従事するときは10年）を超えない範囲内で定める。）及び若手研究員型（任期は原則として３年（特に必要があるときは５年）を超えない範囲内で定める。）の２種類を規定し、条例で定めるところにより採用することができる。

職員の派遣

　職員の派遣には、①地方公共団体相互間又は国との間における派遣、②公社等への派遣及び③国際協力のための海外派遣がある。

● **地方公共団体相互間又は国との間における派遣**

　地方公共団体の長又は委員会若しくは委員は、他の地方公共団体の長又は委員会若しくは委員に対し、当該地方公共団体の職員の派遣を求めることができる（自治252の17①）。この求めを受けた長などは、自己の職員に対して職務命令を発することにより、派遣をすることになる。派遣される職員は、派遣を受けた団体の職員の身分を併せて有することになり、その職員の給料、手当（退職手当を除く。）及び旅費は、派遣を受けた団体が負担し、退職手当等は派遣した団体が負担することが原則である（自治252の17②）。

　また、国と地方公共団体又は地方公共団体相互間における特殊な場合の派遣について定める「災害対策基本法」及び「武力攻撃事態等における国民の保護のための措置に関する法律」がある。

● **公社等への派遣**

　これには、地方公務員共済組合等の業務に従事させる法定の派遣と、地方公共団体が設立又は関与する公益法人や第三セクター等（以下「公社等」という。）への派遣がある。後者については、①職員が退職して公社等の業務に従事し、復職させるときは改めて地方公共団体が採用する、②地方公務員法27条2項に基づく条例を定めて派遣期間中は休職とする、③地方公務員法35条に基づく条例により派遣期間中の職務専念義務を免除する、④職務命令により職員を公社等の業務に従事させる、の概ね4つの方法があった。しかし、派遣した職員への給与支給等が違法であるとして、各地で住民訴訟が提起されるなどしたことから、平成14年から「公益的法人等への一般職の地方公務員の派遣等に関する法律」が施行されている。

● **国際協力のための海外派遣**

　昭和63年に「外国の地方公共団体の機関等に派遣される一般職の地方公務員の処遇等に関する法律」が施行され、発展途上国への農業その他の技術援助等への職員派遣が行われている。

人事評価

　地方分権の一層の進展により、地方公共団体の役割が益々増大する中で、厳しい財政状況のもと、職員数を抑制せざるを得ない状況にある。そのため、個々の職員には、困難な課題を解決する能力と高い業績を挙げることが、従来以上に求められるようになった。

　平成26年の地方公務員法の改正で、人事評価制度が導入され、職員の任用は、受験成績、人事評価その他の能力の実証に基づいて行うことになった（15）。人事評価その他の能力の実証により、職員が標準職務遂行能力（課長級・係長級等の職制上の段階に応じ、職務を遂行する上で発揮することが求められる能力で任命権者が定める。）と適性を有するか否かを判断し、任命権者は、その結果を任用、給与、分限その他の人事管理の基礎として活用しなければならない（23②）。

　また、人事評価は、職員がその職務を遂行するに当たり発揮した能力及び挙げた業績を把握した上で行われる勤務成績の評価であり（6①）、公正に（23①）かつ、定期的に（23の2①）行われなければならない。具体的には、職員の職務上の行動等を通じて顕在化した能力を把握する「能力評価」及び職員が果たすべき職務をどの程度達成したかを把握する「業績評価」の2つを行う。

● **人事評価の基本的な仕組み**

　評価の方法として、国と同様に能力評価及び業績評価の2本立てで行う。また、評価の項目や基準、実施方法等の事前明示や、評価結果の本人への開示を想定している。業績評価については、評価者と被評価者との面談による目標設定やフィードバックの実施のほか、被評価者自らが業務遂行状況を振り返り自己申告をした上で評価者が評価を行うべきである。また、評価に関する苦情窓口も整備すべきである。

● **人事評価結果の活用**

　人事評価結果に応じた措置として、①能力本位の任用、②勤務成績を反映した給与、③厳正、公正な分限処分、④効果的な人材育成などが想定されている。

④ 勤務条件・休業

勤務条件

　地方公務員法で使用されている「勤務条件」という言葉は、一般の雇用関係についていう「労働条件」に相当するものであり、給与及び勤務時間のような、職員が地方公共団体に対して自己の勤務を提供し、又はその提供を継続するかどうかの決心をするに当たり、一般的に当然考慮の対象となるべき利害関係事項と解されている。なお、職員に対しては一部の例外を除いて労働基準法が適用される（58③）ため、同法が適用される限りにおいて、職員の勤務条件は、同法が定める基準以上のものでなければならない。

　勤務条件をその性質別にみると、①職員に対する経済的給付（給与等）、②職員が提供すべき労働の量（勤務時間等）、③職場秩序を含む執務環境（服務基準等）、④労働の提供に付帯する便益（福利厚生等）に分類することができる。

● **勤務条件の決定方法**

　一般の雇用関係における労働条件は、労使対等の立場で団体交渉によって決まるが、職員の給与、勤務時間その他の勤務条件は条例で定める（24⑤）。その趣旨は、①職員の勤務条件は住民の負担につながることから、住民の同意を条例の形式によって得るため、②条例という法規範によって職員の勤務条件を保障することの2つである。なお、職員団体は、地方公共団体の当局と勤務条件について交渉を持ち、法令及び条例等に抵触しない限りではあるが、書面による協定を結ぶことができる（55①、⑨）。

　また、地方公営企業職員及び単純労務職員の場合は、勤務条件のうち給与の種類及び基準のみ条例で定め（公営38④、地公労17①、同法附則⑤）、団体協約の締結権が認められている（地公労7、同法附則⑤）。

● **勤務条件決定に関する人事委員会の権限**

　人事委員会は、職員の勤務条件について絶えず研究を行い、その成果を地方公共団体の議会若しくは長又は任命権者に提出する権限を有し（8①Ⅱ）、特に給料表については、毎年少なくとも1回、それが適当であるかどうか地方公共団体の議会及び長に同時に報告し、必要がある場合には給料額の増減について、併せて適当な勧告をすることができる（26）。

給与

　給与とは、職員に対し、その勤務に対する対価として支給される一切の有価物を意味する。職員に適用される労働基準法では、「賃金」を定義して、「賃金、給料、手当、賞与その他名称の如何を問わず、労働の対償として使用者が労働者に支払うすべてのものをいう。」（労基11）としているが、地方公務員法の「給与」は、この「賃金」と同意義のものである。

　職員に支給される給与は、給料と各種手当とに分けられる。職員の給与は給料を中心とするものであり、手当は給料を補完する性質のものである。したがって、理論的には、給料の制度及び運用の上で職務給の原則が確立されるにつれて諸手当は漸減するはずのものであるが、実際には従来からの沿革、民間企業の賃金構造との均衡もあり、現在もなお多くの手当が存在する。

　なお、旅費は職員の公務による旅行に要する実費の補てんであり、給与ではない。また、給与はそれが現金である場合はもとより、被服、生産物等の現物であっても、勤務に基づいて支給される以上は給与に該当する。

● **給料**

　給料とは、正規の勤務時間における勤務に対する対価である。そして、職員の給与は、その職務と責任に応ずるものでなければならない（24①）ので、給料を支給するに当たっては、職務の種類に応じた給料表を条例で定める（25③）。一般的には、行政職給料表、公安職給料表、教育職給料表、研究職給料表、医療職給料表等がある。更に、各給料表においては、職員の職務の複雑、困難及び責任の度に基づく等級を定め、各等級には経験による熟練度等に応じて号給を設ける。

● **手当**

　手当とは、給料で措置するには適さない事項や、給料のみでは十分措置されていない事項について、給料を補完するものとして支給されるものである。具体的には、地方自治法204条2項に列記されているが、内容としては、扶養手当等の生活給的なものや、特殊勤務手当等の職務給的なものがある。

給与決定の原則

　職員には、勤務に対する反対給付として給与が支給されるが、この給与は、職員の生活を支える重要なものであり、その決定に当たっては次の３つの原則がある。

● 職務給の原則

　職員の給与は、その職務と責任に応ずるものでなければならない（24①）。これを職務給の原則という。「職務に応ずる」とは、職務内容の難易度、あるいは複雑さの程度に応じて差をつけることであり、「責任に応ずる」とは、責任の軽重によって差をつけることである。

　職務給の原則は、具体的には各給料表における等級の区分によって実現されている。職に応じて給料の等級を異にすることによって、職務給の原則を具体化しているのである。諸手当においても、職務の困難などに応じて支給される特殊勤務手当や、管理職員の職務の特殊性に応じて支給される管理職手当などは、職務給の原則に基づくものであるということができる。

● 均衡の原則

　職員の給与は、生計費並びに国及び他の地方公共団体の職員並びに民間事業の従事者の給与その他の事情を考慮して定められなければならない（24②）。これを均衡の原則という。均衡の原則は、長年、国家公務員の給与に準ずることによって実現されるものと解されてきたが、近年、当該地方公共団体の区域における民間給与水準をより反映すべきであるという考え方に変更されてきている。

● 条例主義の原則

　職員の給与は、条例でこれを定めなければならず（24⑤、自治204③）、また、職員の給与は、法律又はこれに基づく条例に基づかない限り支給することができない（25①、自治204の2）。このように、給与は必ず条例の根拠に基づかなければならないことを条例主義の原則という。

　この原則の趣旨は、給与の負担者である住民に職員の給与を明らかにするとともに、職員の労働基本権、特に団体協約締結権が制限されていることの代償として、条例により一定の給与水準を保障することにある。

給与均衡の原則

　職員の給与は、生計費並びに国及び他の地方公共団体の職員並びに民間事業の従事者の給与その他の事情を考慮して定められなければならない（24②）。これを均衡の原則という。均衡の原則は、①生計費、②国家公務員の給与、③他の地方公共団体の職員の給与、④民間事業の従事者の給与、⑤その他の事情の5点を考慮することによって実現されるものである。

● **国公準拠**

　均衡の原則は、国家公務員の給与に準ずること（いわゆる「国公準拠」）により実現されると長らく解されてきた。これは、国家公務員においては、毎年官民給与比較及び生計費を考慮した人事院勧告等に基づいて給与が決定されているからである。旧自治省（現総務省）は、昭和35年4月1日付の各都道府県知事あて行政局長通知等で、各地方公共団体に国公準拠を強力に指導（地方分権改革以後は要請）してきた。

● **地域の民間給与水準の反映**

　上記の国公準拠の考え方に対して、地域によって生計費が異なることや、職員の給与はその地域の民間給与水準を反映したものとすべきであるとの批判が高まった。

　国家公務員給与においては、給与構造改革として、地域における国家公務員給与がより地域の民間給与水準を反映したものとなるよう、平成18年4月から俸給表水準を平均4.8％引き下げ（中高年齢層については7％程度引き下げる一方、若年層については引き下げを行わずに給与カーブをフラット化した。）、民間給与水準の高い地域に勤務する職員に対しては、3％〜18％の地域手当を支給することなどの見直しが行われた。

　総務省は、平成17年給与改定通知において、国における俸給水準の引き下げと地域手当の創設による取組を踏まえ、各地方公共団体にその給与水準の見直しに取り組むことを要請した。これを受けて、ほとんどの地方公共団体がその給料表の水準を引き下げ、地域手当の導入を行ってきている。

給与支給の原則

　職員への給与の支払いに当たり、地方公務員法25条2項（地方公営企業職員及び単純労務職員並びに特定地方独立行政法人の職員については、労働基準法24条1項）で、通貨払い、直接払い及び全額払いの各原則が定められている。これを給与支給の3原則という。法律又は条例により特に認められた場合には、3原則全てについて特例がある。また、職員に対しては、原則として労働基準法が適用される。

● **通貨払いの原則**

　職員の給与は、通貨で支給しなければならない。小切手は通貨ではないので、小切手による給与支給は、退職手当以外はできない（自治令165の4③、公営令21の12⑤）。また、職員が指定する銀行等の預金口座に振替支出することは、通貨払いの原則に反しない（労基則7の2①）。

● **直接払いの原則**

　職員の給与は、直接職員本人に支給しなければならない。したがって、職員の委任を受けた者に対し給与を支給することはできないと解されている。ただし、職員の収入によって生計を維持する家族に対して支給することは、職員本人に支給することと同一の効果を生じるため、差し支えない。

● **全額払いの原則**

　職員の給与は、その全額を支給しなければならない。懲戒処分による減給や、無断欠勤その他の事由によって給与の減額ができるかが問題となるが、減額後の給与の額が支給すべき給与の全額であるから、当該額を支給することにより全額払いの原則に従ったことになる。この場合の減額は、支給すべき給与を計算する過程での問題であり、全額払いの原則とは関係がないと解されている。

● **特例の具体例**

　法律による特例としては、所得税の源泉徴収（所税183）、道府県民税の賦課徴収及び市町村民税の特別徴収（地税42、321の3）、地方公務員共済組合の掛金（地共115）などがある。

兼職時の給与

　兼職とは、ある職員がその職を保有したまま他の職員の職に任命されることをいい、兼務とも呼んでいる。国家公務員の場合は、兼職禁止の原則が規定されているが（国公 101 ①）、地方公務員の場合、一般職と一般職との間あるいは一般職と特別職との間でも兼職を禁止してはいない。ただし、地方公共団体の議会の議員、長、副知事、副市町村長、教育委員会の教育長及び委員、人事委員会又は公平委員会の委員等については、常勤の職員及び短時間勤務職員との兼職が禁止されている（自治 92 ②、141 ②、166 ②、地教 6、地公 9 の 2 ⑨）。

● **一般職の職員が他の一般職の職を兼ねた場合の給与**

　地方公務員法 24 条 3 項は、「職員は、他の職員の職を兼ねる場合においても、これに対して給与を受けてはならない。」と規定し、兼職した職員に対する重複給与を禁止している。しかし、ここでいう「職員」は、同法 4 条 1 項で明らかなように一般職の職員を指しているので、一般職間での兼職についてのみ規定していることになり、一般職と特別職との兼職の場合については、特段の規定をしていない。

● **一般職の職員が特別職の職を兼ねた場合の給与**

　この場合、行政実例では、特別職としての報酬を受けることは可能であるが、特別職としての勤務を行ったために一般職としての勤務を行えなかった時間に対する給与については、減額するのが妥当であり、兼ねることとなる特別職が、職務の性質上当然兼ねるべきものである場合には、特別職としての報酬を別に受けることは適当ではないとしている（行実昭 26.3.12）。

　また、国家公務員の場合、一般職と特別職との兼職については、その兼ねた特別職の職員として受けるべき給与の額が、一般職の職員として受ける給与の額を超えるときには、その差額を支給することとされている（特別職の職員の給与に関する法律 14 ②）。

給与請求権の譲渡、放棄及び時効

　地方公務員法に規定はないが、給与の支給に関して解釈上問題とされるものに、給与請求権を譲渡又は放棄できるか、その時効はいつ完成するかがある。

● **給与請求権の譲渡又は放棄**
　給与請求権の譲渡や放棄を無制限に認めると、職員の生活を脅かし、ひいては公務を停滞させるおそれもないとはいえないので、少なくとも給与請求権の基本権（勤務の対価として給与の支給を受ける権利）の譲渡又は放棄は認められないと解されている。また、給与請求権の支分権（過去の勤務によって発生している給与請求権）も、その譲渡又は放棄は職員の生活に支障を来たすおそれがあるので、原則として認めるべきではないが、例外として、職員の申出により、給与支払者が職員の生活及び公務の遂行に支障がないと判断して承認した限度で認めることができるとされる（仙台高判昭32.7.15）。

● **給与請求権の時効**
　職員の給与請求権については、労働基準法の適用があり、その権利を行使することができる時から退職手当以外のものは2年、退職手当は5年を経過した時に時効によって消滅する（58 ③、労基115）。地方公共団体に対する公法上の金銭債権の消滅時効は、通常は5年であるが（自治236 ①後段）、職員の給与の時効期間については、労働基準法の規定が優先する。なお、権利を行使することができる時とは、支払期日が定められている給与についてはその支払期日、その定めがないときは給与を支給すべき事実が発生した時である。また、給与請求権は公法上の権利であるから、裁判上の請求など、時効の中断又は停止がなされない限り、2年を経過した時点で絶対的に消滅する（自治236 ②）。もし、その後に当該給与を支払えば、その支出は違法となる。

過払い給与の処理

　職員には、勤務の対価として、条例に規定するところにより給与を支給しなければならないが、現実には実際に支給すべき金額より多く支給してしまう場合がある。例えば、給与支払いの基礎となった期間中に欠勤があったり、あるいは懲戒処分として減給処分を行ったりした場合は、給与を減額して支給しなければならないが、事務手続上、当該給与について減額手続きを行うだけの時間的余裕がなく、全額支給してしまうような場合である。

　このような場合、過払いとなった部分について、不当利得として職員に対し、返還請求をすることができるが、実際上、返還請求は行わずに、後に支給する給与で相殺することができないかということが問題となる。

● **給与の全額払いの特例**

　職員の給与は、その全額を支給しなければならないが、給与条例に全額払いの特例として過払い分の給与を減額しうる旨を定めておけば、合法的に給与の減額を行うことができる（地方公営企業職員及び単純労務職員並びに特定地方独立行政法人の職員については、このほか、労働基準法24条1項の規定に基づき、書面による協定を結んだ場合に特例を定めることができる。）。

● **特例の定めがない場合**

　このような特例の定めがない場合、既に超過して支給した金額の返還請求権を自働債権とし、職員の次期以降の給与支払請求権を受働債権として相殺することができるかが問題となる。判例は、相殺の時期、方法、金額につき、過払いの時期と清算調整の時期が合理的に接着して行われ、労働者に予告されるなり、その額が多額ではないなどの労働者の経済生活の安定を脅かさない場合には相殺が許されるとし（最判昭44.12.18）、給与過払い後、3か月経過して行われた減額調整は全額払いの原則に反し、違法であるとしている（最判昭45.10.30、最判昭50.3.6）。したがって、相殺による給与の減額は、次の給与支給日に限って行い、それ以降は、不当利得の返還請求によって措置することが適当であろう。

職員組合費の天引き

　職員の給与は、条例の定めに従って支給されるが、その支払いに当たっては、地方公務員法25条2項で、「法律又は条例により特に認められた場合を除き、通貨で、直接職員に、その全額を支払わなければならない。」と規定されている。このように、職員の給与の支払いには、通貨払い及び直接払いの原則とともに全額払いの原則があり、職員組合費の天引きは、原則として禁止されることになる。なお、地方公営企業職員及び単純労務職員並びに特定地方独立行政法人の職員に対するこれらの原則については、地方公務員法は適用されず、労働基準法24条1項によって同様に規定されている。

● **全額払いの特例**

　全額払いの原則について、法律又は条例により特に認められた場合には、特例が認められる。なお、地方公営企業職員及び単純労務職員並びに特定地方独立行政法人の職員については、このほか、当該事業場の職員の過半数で組織する労働組合があるときはその労働組合、職員の過半数で組織する労働組合がないときは職員の過半数を代表する者との書面による協定によって、特例を設けることができる。

● **職員組合費の天引き**

　職員組合費を給与から天引きすること（チェック・オフ）は、条例で特に認められた場合（地方公営企業職員及び単純労務職員並びに特定地方独立行政法人の職員については、書面による協定のある場合を含む。）に可能となる。しかし、職員組合費の天引きは、地方公共団体が職員団体に対して行う便宜供与であり、労使の自主性確保の面からは好ましくない。また、国家公務員については、職員組合費の天引きは認められていないので、その採否は条例の定めに委ねられる。したがって、条例で定めて職員組合費を天引きするに当たっては、労使の自主性確保に十分な配慮を行う必要がある。

　なお、各課事業所等で職員に給与を支給する際に組合費を差引く、いわゆる「袋引き」が問題となるが、この場合、職員が受領した後に行われるのであれば、天引きの問題は生じない。しかし、各課事業所等の会計職員が事前に行うような場合には、天引きとしての問題が生じることになる。

人事委員会の報告及び勧告

　人事委員会の権限のうちには、人事評価、給与、勤務時間その他の勤務条件、研修、厚生福利制度その他職員に関する制度について絶えず研究を行い、その成果を地方公共団体の議会若しくは長又は任命権者に提出すること（8①Ⅱ）がある。そのうち、職員の給与の基本をなす給料表については、地方公務員法26条で、地方公共団体の議会及び長への報告及び勧告についての規定がある。

● 給料表に関する報告

　人事委員会は、毎年少なくとも1回、給料表が適当であるかどうかについて、地方公共団体の議会及び長に同時に報告するものとされている（26前段）。「毎年少なくとも1回」行うことが最低限の義務であり、現行給料表が社会の情勢や国家公務員の給与などに照らして適当であるかどうかを洗い直し、常に適正な給料表が維持されるよう期待するものである。物価の急騰や国家公務員についての人事院勧告が年に2回以上行われるなどの事情があるときは、人事委員会が年に2回以上報告、又は報告及び勧告を行うことは十分にあり得る。

● 給料表に関する勧告

　人事委員会は、給与を決定する諸条件の変化により、給料表に定める給料額を増減することが適当であると認めるときは、あわせて適当な勧告をすることができる（26後段）。国家公務員については、人事院は俸給表に定める給与を100分の5以上増減する必要が生じたと認められるときは勧告を義務付けられ（国公28②）、それ未満のときは任意であるが、人事委員会の場合にはこのような限定条件はなく、常に任意である。勧告できるのは、あくまで給料についてのみであり、必ず報告に「あわせて」行われる。

　勧告の効力については、法律上は強制力を有するものではないが、勧告は職員の労働基本権に対する制限の代償として行われるものであることから、勧告を受けた地方公共団体の議会及び長は、これを最大限尊重する政治的義務を負うといってよい。

特殊な場合の給与①

　非常勤の職員（短時間勤務職員を除く。以下同じ。）あるいは休職中の職員等特定の職員に対しては、一般の場合と異なった給与上の取扱いがなされる。

● **非常勤の職員の報酬**

　非常勤の職員には、報酬が支給される（自治203の2①）。報酬の額及びその支給方法は、条例でこれを定めなければならず（自治203の2④）、勤務日数に応じて支給することを原則とし、条例で特別の定めをした場合に限って、月額や年額で支給することができる（自治203の2②）。また、議会の議員に期末手当を支給する場合（自治203③）を除き、非常勤の職員には、報酬以外の給与を支給することはできない（自治204の2）。

● **休職者の給与**

　地方公務員法28条2項の規定によって休職にされた職員は、職務に従事していないので、ノーワーク・ノーペイの原則からすれば、給与を支給されなくても当然である。しかし、休職は公務能率の維持を目的として行われる分限処分の1つであることから、給与の一定割合が支給されることが一般的である。

● **減給又は停職の処分を受けた職員の給与**

　懲戒処分として減給の処分を受けた場合は、職員の懲戒の手続及び効果に関する条例（29④）の定めるところにより、一定期間、給料の一定割合が減じられる。また、懲戒処分として停職処分を受けた職員は、上記条例の定めるところにより、停職の期間中、いかなる給与も支給されない。

● **在籍専従職員及び組合活動をした職員の給与**

　登録を受けた職員団体又は職員の労働組合の役員として専らその業務に従事する許可を受けた職員（在籍専従職員）は休職者とされ、いかなる給与も支給されず、また、その期間は退職手当の算定の基礎となる勤続期間に算入されない（55の2⑤、地公労6⑤）。

　職員は給与を受けながら職員団体のために活動してはならない（55の2⑥）ものであり、勤務時間中に承認を得て組合活動をした場合は、条例で特に定める場合を除いて給与を減額しなければならない。

特殊な場合の給与②

　育児休業の承認を受けた職員等の給与の取扱い、あるいは職員の給与を減額すべきその他の場合を整理すると次のとおりである。

● **育児休業中の職員等の給与**

　職員で3歳に満たない子を養育する者は、育児休業の承認を受けることができる（地公育休2①）。育児休業をしている職員は、その期間中、職は保有するものの職務には従事しないため、給与はいっさい支給されない（地公育休4①、②）。また、育児のための部分休業が承認された職員は、そのために勤務しない時間の給与が減額される（地公育休19②）。なお、育児休業中の職員に対しては、原則として育児休業に係る子が1歳に達する日までの期間、共済組合から給料の一定割合に相当する額が育児休業手当金として支給される（地共70の2①）。

● **その他の給与の減額**

　地方公共団体の給与条例には、「職員が勤務しないときは、その勤務しないことにつき任命権者の承認があった場合を除く外、その勤務しない1時間につき、勤務1時間当たりの給与額を減額して給与を支給する。」旨の規定が置かれているのが普通である。この給与条例の解釈上問題になるのは、「その勤務しないことにつき任命権者の承認があった場合」の意味である。任命権者が勤務しないことを承認した場合であっても、給与が支給されず、あるいは減額されることもあり得る。そのため、職員が勤務しないにもかかわらず給与を支給するためには、給与条例以外の法的根拠に基づく勤務しないこと自体の承認のほかに、給与条例に基づく承認が必要であり、その承認は地方公務員法24条1項に規定する職務給の原則の趣旨に反してはならない。

　このことは、給与条例以外の法的根拠に基づく勤務しないことの承認がない場合には、当然に、その勤務しない時間に相当する給与額を減額して給与を支給しなければならないことを意味する。これはつまり、勤務実績がない以上、勤務に対する対価が支払われないということであり、「ノーワーク・ノーペイの原則」と称されている。

給料

　地方公共団体は、常勤の職員に対して給料を支給する義務を負うが（自治204①）、給料は給与の中で、量質ともにその中心をなすものである。給与には、給料と諸手当がある。諸手当は給料を補完する性質を有し、給料が職務給の原則に基づいて職務の内容に相応するものになればなるほど、諸手当は相対的に、その必要性が減ずるものであるといえる。また、給料は職員の正規の勤務時間の勤務に対応する報酬であり、正規の勤務時間以外の勤務に対応する報酬及び正規の勤務時間に必ずしも直接対応しない報酬は、各種の手当で措置されている。

● **給料表**
　職務の種類に応じて、それぞれ別個の給料表を給与条例で定める必要がある（25③Ⅰ）。現在、国家公務員については17種類の俸給表が定められているが（給与6①）、各地方公共団体においては、より簡素化した給料制度を用いるべきである。各給料表には、職務の内容と責任の度合いに応ずる数個の等級が設けられ、職員の職務の等級への分類の基準となるべき職務の内容を定めた等級別基準職務表を給与条例で定める（25③Ⅱ、⑤）。職員をいずれの等級に格付けるかは、この等級別基準職務表によって定まる。各等級には、いくつかの号給が設けられている。号給が設けられているのは、職員が同一の内容と責任の職務に従事している場合であっても、経験を経るに従って熟練の度が増すことを考慮して、職務の対価である給料額を増加させることとしているからである。

● **初任給の決定**
　初任給の決定とは、新たに採用された職員の給料の等級及び号給を決定することであり、等級別基準職務表に基づいて行われる。採用される職員の採用試験、学歴等の区分に応じて、等級及び号給が定められる。新規学卒者など前歴がない職員の場合は、それがそのまま最終的に初任給として決定されるが、職員が前歴を有する場合、任命権者の裁量によって経験年数に応ずる号給の調整を行うことができ、調整後の号給が最終的な初任給として決定されることになる。

昇格、昇給、降格及び降給

　常勤の職員の給料は固定的なものではなく、昇格、昇給、降格及び降給により変化する。

● **昇格**

　昇格とは、職員の職務の等級を、同一給料表における上位の等級に変更することをいう。職員の昇格を行うためには、その職員が等級別基準職務表に定める上位等級の職務を行う必要がある。また、昇格は、任用上の昇任に該当するものであるから、職員の受験成績、人事評価その他の能力の実証に基づいて行わなければならない（15）。

　職員の職務内容が実質的に変わらないにもかかわらず、処遇上、上位の等級に昇格させることを「わたり」というが、これは給与制度の本質に反する運用であり、速やかに是正すべきものである。

● **昇給**

　昇給とは、職員が現に受けている給料の号級を、同一等級の上位の号給に変更することをいう。人事委員会規則（人事委員会を置かない地方公共団体においては、任命権者が定める規則）で定める日に、同日前１年間におけるその職員の人事評価に基づき、良好な成績で勤務した職員の場合、原則として４号上位の号給に昇給させることができる。良好な成績で勤務したとまではいえない職員については、その成績に応じて０号から３号までの幅で昇給させるものとし、特に優秀な成績で勤務した職員については、その成績に応じて５号以上の昇給をさせることとし、人事評価の昇給への反映を可能にしている。

● **降格及び降給**

　降格とは、昇格とは反対に、職員の職務の等級を、同一給料表における下位の等級に変更することをいう。通常、任用上の降任に伴うものである。また、降給とは、昇給とは反対に、職員が現に受けている給料の号級を、同一等級の下位の号給に変更することをいう。ともに不利益処分であるので、降格は法律に定める事由により、降給は条例で定める事由により行われる場合以外は、職員の意に反して行うことはできない（27②）。

手当①

　職員の給与は給料を中心とするものであり、手当は給料を補完する性質のものである。職員に支給される手当の種類は、地方自治法204条2項に26種類が制限列挙されているが、地方公共団体が支給するためには、支給する手当の種類、額及び支給方法を給与条例で定める必要がある（24⑤、25①、自治204②、③）。なお、職員のうち、地方公営企業職員及び単純労務職員に支給される手当については、地方自治法204条2項の適用はなく、その種類及び基準を条例で定めることとされている（公営38④、地公労17①、附則⑤）。また、特定地方独立行政法人の職員に対する手当については、地方独立行政法人法51条2項及び3項に特別の規定がある。

● **手当の種類①**

　手当の概略は次のとおりである。

① **扶養手当**　配偶者、満22歳に達する日以後の最初の3月31日までの間にある子及び孫、満60歳以上の父母及び祖父母等、扶養親族のある職員に支給される。

② **地域手当**　大都市など、民間の賃金水準、物価等が高い地域に在勤する職員に支給される。

③ **住居手当**　職員の住居費の一部を補うために支給される。

④ **初任給調整手当**　科学技術等の専門知識を有する職員、特に医師の採用を容易にするため、採用後一定期間支給される。

⑤ **通勤手当**　職員が通勤に要する費用を補うために支給される。

⑥ **単身赴任手当**　職員が勤務場所を異にする異動により、やむを得ない事情のために同居していた配偶者と別居することを常況とするようになった場合に支給される。

⑦ **特殊勤務手当**　著しく危険、不快、不健康又は困難な勤務その他著しく特殊な勤務で、給与上特別の考慮を必要とし、かつ、その特殊性を給料で考慮することが適当でないと認められるものに従事する職員に支給される。この手当は、勤務の実績に基づき支給され、予め毎月の支給額が決まっている給料の調整額と取扱いを異にしている。

手当②

● **手当の種類②**

⑧**特地勤務手当**　離島その他の生活の著しく不便な地域に所在する勤務場所に勤務する職員に支給される。

⑨**へき地手当**　交通条件及び自然的、経済的、文化的諸条件に恵まれない山間地、離島その他の地域に所在する公立小・中学校及び共同調理場に勤務する教職員に支給される。

⑩**時間外勤務手当**　職員が正規の勤務時間を超えて勤務することを命じられた場合、その超えた全時間に対して支給される。正規の勤務時間外とは、勤務を要する日における正規の勤務時間外のほか、週休日における全時間及び休日における正規の勤務時間に相当する時間外を含むものである。

⑪**宿日直手当**　職員が宿直又は日直を行ったときに支給される。宿日直勤務は、通常の勤務とは異なる断続的勤務であるので、正規の勤務時間後に引き続き宿日直を行った場合であっても、時間外勤務手当ではなく宿日直手当が支給される。

⑫**管理職員特別勤務手当**　管理職手当の支給を受ける職を占める職員のうち管理若しくは監督の複雑、困難及び責任の度が高い職員が、臨時又は緊急の必要その他の公務のために週休日又は休日に勤務をした場合に支給される。

⑬**夜間勤務手当**　正規の勤務時間が午後10時から翌日の午前5時までの間に割り当てられている職員に対して、その間に勤務した全時間について支給される。

⑭**休日勤務手当**　職員が休日における正規の勤務時間に相当する時間に勤務したとき、その勤務した全時間に対して支給される。

⑮**期末手当及び勤勉手当**　期末手当は、我が国の生活習慣上、盛夏と年末に生活費が一時的に増嵩することを考慮して支給される生活給である。他方、勤勉手当は、精勤に対する報償として支給されるものであり、能率給としての性格を有する。期末手当及び勤勉手当を併せてボーナスと俗称している。

手当③

● **手当の種類③**

⑯ **寒冷地手当** 北海道その他の一定の寒冷地域に常時勤務する職員に支給される。

⑰ **特定任期付職員業績手当** 地方公共団体の一般職の任期付職員の採用に関する法律3条1項の規定に基づいて採用された職員のうち、特に顕著な業績を挙げたと認められる職員に支給される。

⑱ **任期付研究員業績手当** 地方公共団体の一般職の任期付研究員の採用等に関する法律3条1項の規定に基づいて採用された研究員のうち、特に顕著な研究業績を挙げたと認められる研究員に支給される。

⑲ **義務教育等教員特別手当** 小・中学校などの義務教育諸学校及び高等学校等に勤務する教育職員に対して、その職務の特殊性に基づき支給される。

⑳ **定時制通信教育手当** 高等学校の定時制の課程又は通信教育に従事する教育職員に支給される。

㉑ **産業教育手当** 農業、水産、工業、電波又は商船に関する課程を置く高等学校で、農業、農業実習、水産、水産実習、工業、工業実習、商船又は商船実習に関する教諭又は助教諭の免許状を有する者が、これらの課程の実習を伴う科目を主として担任する場合に支給される。

㉒ **農林漁業普及指導手当** 農林漁業等の普及指導事業に従事する一定の資格を有する職員に対して、職務の特殊性に基づいて支給される。

㉓ **災害派遣手当** 暴風、豪雪雨、洪水等の災害が発生したときに、その災害応急対策又は災害復旧のために、都道府県知事、市町村長等の要請又はあっせんの求めに応じて、国の行政機関又は他の地方公共団体から派遣された職員に対して、その職員が住所又は居所を離れて派遣を受けた地域に滞在することを要する場合に支給される。

㉔ **退職手当** 職員が退職（死亡による退職を含む。）した場合に、当該職員又はその遺族に支給される。ただし、懲戒免職となった者等に対しては、その全部又は一部を支給しないことができる。

管理職手当

　管理職手当は諸手当の1つで、管理又は監督の地位にある職員の職務の特殊性に基づき支給される手当である。国家公務員の場合には、俸給の特別調整額と呼ばれている（給与10の2）。

● **管理職手当の支給範囲**

　管理職手当が支給されるのは、管理又は監督の地位にある職員である。これらの職員と職員団体を結成するに当たって区別される「管理職員等」（52③）とは、必ずしも一致するものではない。すなわち、管理職手当は職務の特殊性に基づいて支給されるものであるのに対し、「管理職員等」の範囲は、労使関係において使用者としての地方公共団体の利益を代表する側の範囲を明らかにしたものだからである。

　管理職手当の支給対象となる職員は、労働基準法における労働時間、休憩及び休日に関する規定の適用を受けないところの、同法41条2号に規定する「監督若しくは管理の地位にある者」と解されている（行実昭36.8.15）。

● **管理職手当の性格**

　管理監督者は一般の職員とは異なり、正規の勤務時間以外においても職務のために知力と体力を用いることが常態であることから、その勤務の実績について、時間のみをもって測定することは困難である。このような特殊性から、管理職手当の支給を受ける職員に対しては、正規の勤務時間以外に勤務した場合に支給される時間外勤務手当、午後10時から翌日の午前5時までに正規の勤務時間が割り当てられ、その時間に勤務した場合に支給される夜間勤務手当、宿日直勤務した場合に支給される宿日直手当及び国民の祝日等休日に勤務した場合に支給される休日勤務手当は支給されない。なお、管理職手当の額は、給料月額に職務の内容に応じて一定の率を乗じた額とするのが原則であり、定額制とすることも差し支えないとされていたが（行実昭36.8.15）、国においては平成19年度から、当該職員の属する職務の級における最高の号俸の俸給月額の100分の25を超えない範囲で人事院が定める定額とされている（給与10の2②）。

特別職の給与・報酬

　地方公共団体は、その議会の議員、委員会の委員、非常勤の監査委員等及び非常勤の職員（短時間勤務職員を除く。）に対し、報酬を支給しなければならない（自治203①、203の2①）。また、同じく地方公共団体は、地方公共団体の長及びその補助機関たる常勤の職員、委員会の常勤の委員（教育委員会にあっては、教育長）、常勤の監査委員等及び常勤の職員並びに短時間勤務職員に対し、給料を支給しなければならない（自治204①）。

　報酬及び給料の決定については、一般職であれば均衡の原則の適用があるが（24②）、特別職についてはこのような法律上の制約はなく、議会においてそれぞれの職の特殊性を判断し、かつ、①国の特別職の給与、②当該団体における特別職の給与改定の経緯、③当該団体の一般職の職員の給与、④他の団体との均衡等を考慮して決定していくことになる。

● **特別職報酬等審議会**

　特別職のうち議会の議員の報酬額については、議会自らが条例を議決することにより決定することになる。したがって、特別職の報酬額又は給料額の決定に先立ち、第三者の意見を聞くことにより、その一層の公正を期する必要があるとされ、通常、特別職報酬等審議会が設けられている。

　なお、この特別職報酬等審議会の答申は法的な拘束力を持つものではないが、十分尊重されなければならないものであり、議会においては、その答申の額を上回る額の決定や、改定の実施時期を繰り上げるようなことは避けるべきである。

● **特別職の諸手当**

　特別職のうち非常勤の職員に対しては、一般に手当を支給することはできないが、議会の議員については、期末手当を支給することができる（自治203③）。

　なお、特別職のうち常勤の職員に対しては手当を支給することができるが（自治204②）、一般職と全く同様の各種手当の支給ができることを意味するものではないことに注意が必要である。

旅費

　職員が公務のため職務命令により旅行したときは、地方公共団体はそれに要する費用を支給しなければならない。非常勤の職員の場合にはこれを費用弁償といい（自治203の2③）、常勤の職員の場合は旅費と称する（自治204①）。なお、地方公務員でない者に公用による旅行をさせたときは、実費弁償がなされる（自治207）。

　旅費は、勤務条件の1つであり、一般の職員の場合は条例で定めなければならない（24⑤、自治204③、204の2）。地方公営企業職員及び単純労務職員並びに特定地方独立行政法人の職員の場合は、規則その他の規程又は団体協約で定められる（公営39①、地公労17①、同法附則⑤、地方独法53①）。

　旅費は、旅行する者及び旅行の内容によって、職員の出張又は赴任の場合の旅費若しくは退職した職員又は死亡した職員の遺族の旅費に分けられ、旅行地の相違によって内国旅行の旅費と外国旅行の旅費とに分けられる。

● 旅費の支給方法

　旅費は実費の弁償であるから、実際の支出が確定してから精算払いすることが建前であるが、相当の金額を職員に立替払いさせることは必ずしも適切ではない場合もあり、概算払いをすることができる（自治232の5②、自治令162Ⅰ）。

　また、旅費は給与ではないので、通貨払いの原則（25②、労基24①）の適用はなく、小切手で支払うことも可能である。

● 旅費別途支給

　旅費別途支給とは、職員の属する地方公共団体以外の者が旅費相当分を支給することを前提として、当該地方公共団体は旅費を支給しないこととする方法である。本来の財務会計上の処理としては、旅行命令の原因を生ぜしめた第三者から旅費相当分を納付させて歳入とし、旅費を歳出として支給することが妥当であり、これはこの手続きを省略した便宜的な方法といわざるを得ない。

　なお、旅費別途支給の場合にも旅行命令を発する必要があり、万一旅行中公務上の災害を受けた場合は、公務災害補償の対象となるのは当然である。

勤務時間

　職員の勤務時間は、条例（地方公営企業職員及び単純労務職員並びに特定地方独立行政法人の職員の場合は、管理規程等や団体協約）によって定められる（24⑤）が、これを定めるに当たっては、国及び他の地方公共団体の職員との間に権衡を失しないように適当な考慮が払われなければならない（24④）。また、勤務時間については労働基準法が適用される（58③）ので、同法の定める基準を下回ることはできない。労働基準法では、勤務時間は休憩時間を除き1日について8時間、1週間について40時間を超えてはならないとされている（労基32）。

● 勤務時間の特例
① **変形労働時間制**　職務の繁閑に応じて勤務時間を弾力的に運用する制度である。これには4種類の制度があるが、そのうちの1つである1か月単位の変形労働時間制は、1か月以内の一定期間（例えば4週間）を平均して1週間当たりの勤務時間が40時間を超えないときは1日8時間、1週40時間を超える正規の勤務時間を定めることができる（労基32の2）。このほか、フレックスタイム制（労基32の3）、1年単位の変形労働時間制（労基32の4）、1週間単位の非定型的変形労働時間制（労基32の5）が定められている。地方公営企業職員及び単純労務職員並びに特定地方独立行政法人の職員には、4種類全ての変形労働時間制が適用されるが、一般職の職員には、1か月単位の変形労働時間制のみが適用される（58③）。
② **公益上の必要による特例**　特定の事業で公衆の不便を避けるために必要なもの、その他特殊の必要があるものについては、勤務時間の特例が認められている（労基40①）。
③ **管理監督職員等の特例**　監督若しくは管理の地位にある職員又は機密の事務を取り扱う職員は、その勤務内容からみて、その勤務を一定の時間に限定することが困難であり、勤務時間の原則は適用されない（労基41Ⅱ）。
④ **監視又は断続的勤務の特例**　勤務の負担が軽い監視の業務を行う職員又は労働の密度が薄い断続的勤務の職員については、労働基準監督機関の許可を得て、勤務時間の原則を適用しないことができる（労基41Ⅲ）。

時間外勤務命令

　職員には正規の勤務時間が定められているが、この正規の勤務時間以外の時間に勤務が行われることがある。時間外勤務、宿直勤務及び日直勤務がそれに当たる。そのうち、時間外勤務とは、勤務を要する日における正規の勤務時間外の勤務、週休日における全時間の勤務及び休日における正規の勤務時間に相当する時間外の勤務で、宿日直勤務に該当しないものである。

● **時間外勤務を命じることができる場合**

①**災害等の場合**　災害その他避けることのできない事由によって、臨時の必要がある場合においては、労働基準監督機関の事前許可を受けて、又は事後届出をして時間外勤務を命じることができる（労基33①）。

②**公務のために臨時の必要がある場合**　官公署の事業（労働基準法別表第一に掲げる事業を除く。）に従事する職員に対して、公務のために臨時の必要がある場合においては、時間外勤務を命じることができる（労基33③）。これに該当する場合は、災害等の場合であっても、労働基準監督機関に届け出る必要はなく、三六協定締結の必要もない。

③**三六協定が締結されている場合**　三六協定とは、労働基準法36条に規定される協定をいい、当局と現業の事業場の職員の過半数で組織する職員団体又は労働組合（これらの団体がない場合は、当該事業場の職員の過半数を代表する者）との間で、時間外勤務に関して締結されるものである。協定の内容は、時間外勤務をさせる必要のある具体的事由、業務の種類、対象となる職員数、延長できる時間等である。この協定を締結し、労働基準監督機関に届け出れば、これに従って時間外勤務を命じることができる。

● **育児又は介護を行う職員の時間外勤務の特例**

　任命権者等は、3歳に満たない子を養育する職員が当該子を養育するために請求した場合において、公務の運営に支障がないと認めるときは、所定労働時間を超えて勤務しないことを承認しなければならず（育休61⑯）、また、小学校就学前の子を養育する職員又は要介護状態にある家族を介護する職員が請求した場合、公務の運営に支障がない範囲で三六協定の特例が定められている（育休61⑲、⑳）。

女性職員の勤務時間等の特例

　労働基準法は女性の勤務条件について、女性及び母性保護の観点から様々な特例を設けてきたが、この特例が女性職員の能力発揮の機会を妨げるおそれがあるとされ、母性保護と激変緩和措置を除いた女性保護規定を撤廃した。

● **生理日の就業禁止**
　使用者は、生理日の就業が著しく困難な女性が休暇を請求したときは、その者を生理日に就業させてはならない（労基68）。

● **母性保護**

①**危険有害業務の就業制限**　使用者は、妊産婦（妊娠中及び産後1年を経過しない女性）を、重量物を取り扱う業務など妊娠、出産、哺育等に有害な業務に就かせてはならない（労基64の3①）。

②**産前産後の休業**　使用者は、6週間（多胎妊娠の場合にあっては、14週間）以内に出産する予定の女性が休業を請求した場合、その者を就業させてはならない。また、産後8週間を経過しない女性を就業させてはならない。ただし、産後6週間を経過した女性が請求した場合、医師が支障がないと認めた業務に就かせることは、差し支えない（労基65①、②）。

③**妊婦の業務転換**　使用者は、妊娠中の女性が請求した場合、他の軽易な業務に転換させなければならない（労基65③）。

④**時間外及び休日労働**　使用者は、妊産婦が請求した場合、変形労働時間制（フレックスタイム制を除く。）であっても、1週間に40時間、1日に8時間を超えて労働させてはならない（労基66①）。また、使用者は、妊産婦が請求した場合、非常災害等の場合、官公署の事業（労働基準法別表第一に掲げる事業を除く。）に従事する職員に対する公務のため臨時に必要がある場合及び三六協定を締結した場合であっても、時間外及び休日労働させてはならない（労基66②）。

⑤**深夜業**　使用者は、妊産婦が請求した場合、深夜業をさせてはならない（労基66③）。

⑥**育児時間**　使用者は、1歳に達しない生児を育てる女性が請求した場合、1日2回、少なくとも各30分の育児時間を与えなければならない（労基67）。

宿直及び日直勤務

　宿直及び日直勤務とは、勤務を要する日における正規の勤務時間以外の時間あるいは週休日、休日等において、当該事業所の勤務時間外又は閉庁日に行う勤務である。このうち、宿直勤務とは、退庁時限から翌日の出勤時限までのものであり、日直勤務とは、出勤時限から退庁時限までのものである。

　勤務内容は、宿直及び日直勤務とも同様で、設備等の保全、文書や電話の収受等内容の比較的軽い断続的なものである。従って、労働基準法の適用に当たっては、同法41条3号に規定する「断続的労働」に該当し、労働基準監督機関の許可を受ければ、同法の労働時間、休憩及び休日に関する規定は適用されない。

　なお、正規の勤務時間以外の時間等に行われる勤務として、時間外勤務あるいは休日勤務があるが、これらは勤務内容が本来の職務を行うものである点が、宿直及び日直勤務とは異なる。従って、宿直勤務や日直勤務に対しては時間外勤務手当ではなく、宿直手当又は日直手当が支給される。

● **通常勤務に引き続いた宿日直勤務命令**

　通常の勤務を行った職員に、引き続き宿日直勤務を行わせる場合、労働基準法32条で規定する労働時間が問題にならないかという議論がある。宿日直勤務は断続的な勤務であり、通常の勤務とは別個の勤務であることから、この別個の勤務は労働基準監督機関の許可を得れば、労働基準法32条の規定にかかわらず、通常の勤務に引き続いて宿日直勤務を行わせることができるものとされている（労基則23）。

● **宿日直勤務命令の制限**

　①宿日直の勤務内容は、通常の勤務の延長であってはならず、定期的巡視、緊急連絡の収受のような勤務でなければならない、②宿直については、睡眠のための設備がなければならない、③同一の職員の宿日直の回数は、原則として、日直は月1回、宿直は週1回が限度である。ただし、小規模事業所などで、全ての職員を宿日直させてもなお員数が不足し、労働密度が薄いような場合は、実態に応じて回数を増やすことができる。

休憩時間

　職員には、勤務時間の途中に休憩時間を与えなければならない。この休憩時間については、地方公務員法24条5項に基づき、条例（地方公営企業職員及び単純労務職員並びに特定地方独立行政法人の職員については規程、規則又は団体協約）で定めなければならないが、職員についても労働基準法が適用されるので、同法で定める基準を下回ることはできない。

● 原則

　①休憩時間は、勤務時間が6時間を超える場合は少なくとも45分、8時間を超える場合は少なくとも1時間、勤務時間の途中に与えなければならない（労基34①）、②休憩時間は一斉に与えなければならない（労基34②）。これについては、非現業の官公署、地方公営企業の電車やバス、病院や保健所等については適用されない（労基40、労基則31）、③休憩時間は自由に利用させなければならない（労基34③）。これについては、警察官、消防吏員、常勤の消防団員及び児童自立支援施設に勤務し、児童と起居をともにする職員には適用されない（労基則33①Ⅰ）。また、乳児院、児童養護施設及び障害児入所施設に勤務し、児童と起居をともにする職員で、労働基準監督機関の許可を得たものについては適用されない（労基則33①Ⅱ、②）。

● 休憩時間を与えなくてもよい場合

　地方公営企業の自動車、電車などの交通事業の乗務員で、長距離にわたり継続して乗務する者には休憩時間を与えないことができる（労基則32①）。また、短距離の乗務員であっても、その業務の性質上休憩時間を与えることができないと認められる場合で、その勤務中の停車時間、折返しによる待合せ時間等の合計、すなわち手待時間が労働基準法34条1項に規定する休憩時間に相当するときは、休憩時間を与えないことができる（労基則32②）。

● 管理監督職員等の特例

　管理又は監督の地位にある職員、機密の事務に従事する職員、農畜産、水産等の事業に従事する職員及び監視又は断続的勤務に従事する職員には、休憩時間に関する労働基準法34条の規定は適用されない（労基41）。

週休日及び休日

　日曜日及び土曜日は週休日とされ、この日には原則として職員の勤務時間の割振りは行われない。

　また、職員は、国民の祝日に関する法律に定める休日及び年末年始における条例で定める日には、原則として勤務をすることを要しない。これらの休日は、週休日と異なり、一応正規の勤務時間が割り振られてはいるが、勤務義務が免除されている。

● **週休日の勤務及び休日の勤務**

　週休日の勤務については一定の制限があるが、休日の勤務については特に制限はない。この違いは、前者は、本来、勤務義務を課されていない日であるのに対し、後者は単に勤務義務が免除されているのにすぎないからである。

　週休日に勤務をさせることができるのは、次の場合である。

　①災害その他避けることのできない事由によって、臨時の必要がある場合（労基33①）、②公務のために臨時の必要がある場合（労基33③）、③当該事業場において、職員の過半数で組織する職員団体又は労働組合（これらの団体がない場合は、当該事業場の職員の過半数を代表する者）との間で、書面により協定（三六協定と呼ばれる。）を締結し、労働基準監督機関に届け出た場合（労基36）。

　週休日のほか、休日における正規の勤務時間に相当する時間（以下「休日の勤務時間相当時間」という。）以外の時間に勤務した場合には時間外勤務手当が、休日の勤務時間相当時間に勤務した場合には休日勤務手当が支給される。休日の勤務時間相当時間は給料の支給対象とされているので、時間外勤務手当ではなく、加算給としての性格を有する休日勤務手当が支給される。

● **週休日の振替等及び代休日の指定**

　週休日に勤務する職員に対して、週休日を他の勤務日に振り替え、又は勤務日の4時間を週休日の4時間の勤務に振り替えることができる。また、休日の勤務時間相当時間全てについて勤務する職員に対して、他の勤務日を代休日として指定し、職務専念義務を免除することができる。これらを行った場合、それぞれ時間外勤務手当、休日勤務手当は支給されない。

年次有給休暇

　年次有給休暇については、労働基準法で、勤務年数に応じて一定の日数を与えなければならないとされている。職員に対しても同法が適用される（58③）ので、年次有給休暇を与えるに当たっては、同法に定める基準を下回ることは許されない。

　労働基準法39条1項及び2項の規定では、6か月間継続勤務し全労働日の8割以上出勤した職員に対して、継続し、又は分割した10日、1年6か月以上継続勤務した職員に対しては、6か月を超えて継続勤務した勤続年数1年につき1日、2年につき2日、3年につき4日、4年につき6日、5年につき8日、6年以上につき10日をそれぞれ10日に加算した日数を年次有給休暇として与えなければならない。なお、職員の年次有給休暇は、「特に必要があると認められるとき」に時間単位で与えることができる（58④）。

● **請求の意味**

　年次有給休暇を与える時季について、労働基準法39条5項では、職員の請求する時季に与えなければならないと規定している。この「請求」がどのような意味を持つのかについては、従来から争われてきた。つまり、職員の年次有給休暇は、「請求」に対する「承認」があってはじめて取得できるのか否かである。昭和48年3月2日の最高裁判決は、職員の指定によって効力が生じるとする「指定権説」を採った。なお、職員に請求された時季に年次有給休暇を与えることが事業の正常な運営を妨げる場合は、他の時季にこれを与えることができる（労基39⑤）。この請求された時季を変更して年次有給休暇を与える権限を「時季変更権」という。

● **繰越し等**

　年次有給休暇の権利が、時効について定める労働基準法115条の「請求権」に該当するか否かは、前記最高裁判決との関係で明らかではないが、この判決後も従前の扱いを継続して、年次有給休暇は、翌年に限りこれを繰越すことができることとしている。また、年次有給休暇は、暦年によって与えることが一般的であるが、これは法律に根拠があるわけではないことから、条例の定めにより、年度によって与えることも可能である。

その他の休暇

　職員は、勤務を要する日に法律又は条例に基づいて、任命権者に申請又は届出を行って勤務義務の免除を受けることができる。これを一般的には休暇という。週休日及び休日と異なる点は、週休日は勤務を要しない日であり、休日は予め自動的に勤務義務が免除されているものである。
　なお、労働基準法で定める休暇のうち、給与を支給しなければならないものは、年次有給休暇だけであり、その他は個別に給与条例で規定することになる。職員が勤務しないときは、その勤務しない時間に応じて給料を減額するのが原則（ノーワーク・ノーペイの原則）であるが、介護休暇を除いて、給与条例において減額しない旨を定めているのが通例である。
　ここでは、年次有給休暇以外の休暇について説明する。

● **病気休暇**
　病気休暇は、職員が負傷又は疾病を療養するために必要とされる最小限度の期間について認められる休暇である。

● **特別休暇**
　特別休暇は、前記の病気休暇及び後記の介護休暇を除く全ての有因性の休暇であり、労働基準法で定める休暇及びそれ以外の休暇がある。労働基準法で定める休暇としては、公民権の行使（労基7）、産前産後（労基65①、②）、育児時間（労基67）及び生理休暇（労基68）がある。それ以外の休暇としては、慶弔休暇、妊娠初期休暇、母子保健健診休暇、妊婦通勤時間、妻の出産、妻の出産に伴う養育、子の看護、夏季休暇、災害休暇、災害のための交通途絶等による出勤不能、ボランティア休暇、リフレッシュ休暇、骨髄液の提供などがある。

● **介護休暇**
　介護休暇は、職員が配偶者（内縁関係にある者を含む。）、父母、子及び配偶者の父母並びに同居している祖父母、孫、兄弟姉妹、父母の配偶者、配偶者の父母の配偶者、子の配偶者及び配偶者の子が一定期間にわたり負傷、疾病又は老齢によって日常生活を営む上で支障がある場合、その者の介護をするために認められる休暇であり、無給とされている。

部分休業

　任命権者は、一定の事由により職員が申請した場合において、公務の運営に支障がないと認めるときは、条例で定めるところにより、1週間の勤務時間の一部について勤務しないことを承認することができる。なお、職員が承認を受けて勤務しない場合には、条例で定めるところにより、減額して給与を支給する。この制度を「部分休業」と呼ぶが、地方公務員法では、修学部分休業及び高齢者部分休業の2つが定められている。部分休業の制度は、職員の意思による休業を定めるものであることから、身分保障に関する分限としてではなく、勤務条件の1つとして位置付けられ、その導入のためには条例の定めが必要とされている。

● **修学部分休業**

　地方公務員法39条は、任命権者が職務命令として行う「研修」について定めているが、職員が自らの意思で、任命権者からの資金的援助を受けることなく、公務に関する能力の向上に資する学習を行う場合、任命権者は条例で定めるところにより、修学部分休業を承認することができる（26の2①）。

　修学が認められるのは、大学その他の条例で定める教育施設におけるものであるが、この条例においては、高等専門学校、専修学校及び各種学校のほか、適当な研究機関などで教育施設に該当するものを定めることになる。また、部分休業が認められる期間は、当該修学に必要と認められる期間として条例で定めることになる。

● **高齢者部分休業**

　職員については定年の定めがあるが（28の2①）、地方公共団体によっては、定年の年齢に到達する前に勧奨により退職することも行われている。更に、高齢者である職員の中には、肉体的、精神的又は家庭の事情などによって、勤務時間を減じることを希望する者もいる。このようなことから、任命権者は、当該地方公共団体が条例で定める年齢に達した職員が申請した場合において、当該職員が当該条例で定める年齢に達した日以後の日で当該申請において示した日から当該職員に係る定年退職日までの期間中、高齢者部分休業を承認することができる（26の3①）。

自己啓発等休業及び配偶者同行休業

　任命権者は、一定の事由により職員が申請した場合において、公務の運営に支障がないと認めるときは、3年を超えない範囲内において条例で定める期間、休業をすることを承認することができる。なお、任命権者の承認を受けて勤務しない職員には、給与は支給しない。休業の種類は、自己啓発等休業、配偶者同行休業、育児休業及び大学院修学休業の4種類がある（26の4①）が、ここでは前の2つについて解説する。

● **自己啓発等休業**

　職員が自らの意思で、任命権者からの資金的援助を受けることなく、公務に関する能力の向上に資する学習等を行う場合、任命権者は条例で定めるところにより、自己啓発等休業を承認することができる（26の5①）。対象となるのは、「大学等（大学その他の条例で定める教育施設）課程の履修」又は「国際貢献活動」のうち職員として参加することが適当であると認められるものとして条例で定めるものである（26の5①）。

　大学その他の条例で定める教育施設には、大学や大学院に加えて短期大学や専修学校等も含まれる。また、国際貢献活動は、奉仕活動（収入を得ることが目的でないもの）でなければならない。

● **配偶者同行休業**

　職員が、外国での勤務その他の条例で定める事由により外国に住所又は居所を定めて滞在する配偶者（事実上の婚姻関係にある者を含む。）と、当該住所又は居所において生活を共にする場合、任命権者は条例で定めるところにより、配偶者同行休業を承認することができる。承認するときは、当該申請をした職員の勤務成績その他の事情を考慮するものとされている（26の6①）。配偶者同行休業は、条例で定める期間を超えない範囲内において、条例で定めるところにより原則として1回延長できる（26の6②、③）。

　また、任命権者は、配偶者同行休業の申請があった場合において、当該申請に係る期間について職員の配置換えその他の方法によって当該申請をした職員の業務を処理することが困難であると認めるときは、任期を定めた採用又は臨時的任用を行うことができる（26の6⑦）。

育児休業

　職員は、任命権者の承認を受けて、当該職員の3歳に満たない子を養育するため、その子が3歳に達する日（非常勤職員にあっては当該子の養育の事情に応じ、1歳に達する日から1歳6か月に達する日までの間で条例で定める日）まで、育児休業をすることができる（地公育休2①）。育児休業の承認を受けるための請求に際しては、育児休業をしようとする期間の初日及び末日を明らかにしなければならず、任命権者は、当該請求に係る期間について当該請求をした職員の業務を処理するための措置を講ずることが著しく困難である場合以外は承認しなければならない（地公育休2②、③）。

　育児休業をしている職員は、育児休業を開始した時に就いていた職又は育児休業の期間中に異動した職を保有するが、職務に従事せず、その期間については給与を支給されない（地公育休4①、②）。育児休業をしている職員が占めている職に他の職員を充てる（1つの職に2人の職員を就ける）ことはできる。

● **育児休業の延長**

　育児休業をしている職員は、原則として1回だけ期間の延長を請求することができる（地公育休3①、②）。なお、条例で定める場合には2回以上の期間の延長ができるが、その事由としては、配偶者が負傷又は疾病により入院したこと、配偶者と別居したことなど、育児休業の期間の再度の延長をしなければ当該育児休業に係る子の養育に著しい支障が生じる場合が想定されている。

● **部分休業**

　任命権者（県費負担教職員については、市町村の教育委員会）は、職員が請求した場合において、公務の運営に支障がないと認めるときは、条例の定めるところにより、当該職員がその小学校就学の始期に達するまでの子を養育するため1日の勤務時間の一部（2時間を超えない範囲内の時間に限る。）について勤務しないことを承認することができ、この勤務しない時間については、減額して給与を支給するものとされている（地公育休19①、②）。

大学院修学休業等
（教育公務員の研修）

　教育公務員は、その職責を遂行するために、絶えず研究と修養に努めなければならず（教特21①）、その任命権者は、教育公務員の研修について、それに要する施設、研修を奨励するための方途その他研修に関する計画を樹立し、その実施に努めなければならない（教特21②）。また、教育公務員には、研修を受ける機会が与えられなければならず（教特22①）、任命権者の定めるところにより、現職のままで、長期にわたる研修を受けることができる（教特22③）。

　また、教育公務員のうちの教員（教特2①、②）は、授業に支障のない限り、本属長の承認を受けて、勤務場所を離れて研修を行うことができるとされている（教特22②）。

● **初任者研修及び10年経験者研修**

　任命権者は、公立の小学校、中学校、高等学校、中等教育学校、特別支援学校及び幼稚園（以下「公立の小学校等」という。）の教諭等に対して、その採用の日から1年間の教諭の職務の遂行に必要な事項に関する実践的な研修（初任者研修）を実施しなければならない（教特23①）。

　また、任命権者は、公立の小学校等の教諭等に対して、その在職期間が10年に達した後相当の期間内に、個々の能力、適性等に応じて、教諭等としての資質の向上を図るために必要な事項に関する研修（10年経験者研修）を実施しなければならない（教特24①）。

● **大学院修学休業**

　公立の小学校等の主幹教諭、指導教諭、教諭、養護教諭、栄養教諭又は講師で一定の免許状の取得を目的とするなど一定の要件を満たすものは、任命権者の許可を受けて、3年を超えない範囲内で年を単位として定める期間、大学（短期大学を除く。）の大学院の課程若しくは専攻科の課程又はこれらの課程に相当する外国の大学の課程に在学してその課程を履修するための休業をすることができる（教特26①、教特令7）。この休業をしている期間は地方公務員としての身分を保有するが、職務には従事せず、給与も支給されない（教特27①、②）。

5 分限と懲戒

分限処分

● 分限処分の意義

　分限制度は、公務能率の維持（不適格職員の排除）のため、任命権者が本人の意に反して行う職員にとって不利益な処分（申出によるものは含まない）を行う制度である。判例では分限制度を、公務の能率の維持及びその適正な運営の確保という目的から、一定の事由がある場合に、職員の意に反する不利益な身分上の変動をもたらす処分をする権限を任命権者に認めるとともに、他方で職員の身分保障の見地からその処分権限を発動しうる場合を限定したものである（最判昭 48.9.14）としている。

　なお、分限処分は職員の意に反する処分であるので、勧奨による退職等、職員の自発的な意思に基づく処分は分限処分ではない。また、職員の一定の義務違反に対して道義的責任を追及する懲戒処分とは、制裁の処分ではない点で異なる。

● 分限処分の基準

　任命権者が職員に対して分限処分を行う場合は、公正でなければならない。また、分限処分の事由については法律及び条例により規定され、それに従わなければならない。

　そのため、処分の決定及びその処分の種類・程度の決定は、公平かつ適正に行われなければならず、任命権者の裁量が恣意に流されることのないようにしなければならない。なお、地方公営企業職員、特定地方独立行政法人の職員及び単純労務職員の分限処分の基準に関する事項は、団体交渉の対象となる。

● 失職

　失職は、法律上当然に職を失うため処分を必要としない。そのため、職員の身分保障（分限）に係る問題ではあるが、分限処分ではない。また、処分ではないため不利益処分の説明書を交付する必要はなく、教示の必要もない。

　なお、条例で失職の特例を定めることができることとされている。例えば、交通事故を惹起したことによって禁錮以上の刑に処せられた者を、欠格条項の関係では特例を設けず、失職の関係では特に情状酌量しうる場合に限って特例を設けることも可能である（行実昭 34.1.8）。

分限処分の種類

● 分限処分の種類

　地方公務員法で規定する分限処分を重い順に並べると、免職、降任、休職、降給の順となる。それぞれの分限処分の意義は次のとおりである。

①**免職**　公務能率を維持するため職員の意に反してその職を失わせる処分をいう。懲戒免職とは職員の身分を失わせる点で同じであるが、退職手当及び退職年金の取扱上の不利益を受けない点及び処分の目的において異なる。なお、依願退職は職員の意思により職を辞するため分限処分には該当しない。また、欠格条項による失職も、本人の意思にかかわらず職を失う点で同じであるが、分限処分としての免職には当たらない。

②**降任**　降任は任用方法の１つであるが、職員に不利益を与えるため分限処分に位置付けられる。法令、条例、規則その他の規定により公の名称が与えられている職で、職員を現在任用されている職より下位の職に任命する処分をいう。任命権者を異にする異動により下位の職に任用する場合があるが、職制上の相違のためであり、この場合は降任に該当しないと解される。

　なお、これまで職制上の段階は変わらず、給料表の級が下がる「降格」が降任に含まれると解されていたが、改正法により任用の各類型の定義が明確化されたため、今後は降給に含まれることとなる。

③**休職**　職員に職を保有させたまま一定期間職務に従事させない処分をいう。処分の目的は異なるが、職務に従事させない点では懲戒処分の停職と同じである。ただし、停職と異なり給与の全部又は一部が支給されるなどの違いがある。

④**降給**　職員が現に決定されている給料の額よりも低い額の給料、つまり給料表の号を下げる（いわゆる降号）処分及び降格の処分をいう。懲戒処分の減給が一定期間に限られるのに対し、降給は給料の変更であるため、昇給がなされない限り降給後の給料額が継続する。なお、降任に伴って給料が下がることは降給ではない（行実昭 28.2.23）。また、教員が一般事務職員に転任し、職務と責任が変更されたことにより給料が下がる場合も降給には該当しない（行実昭 28.10.6）。

分限処分の事由①
降任又は免職

● **分限処分の根拠**

職員が分限処分を受ける事由は法律又は条令で定められる。降任又は免職の事由は法律で定める事由に限られ、休職の事由は法律で定めるほか条例で定める事由もあり、降給の事由はすべて条例に委ねられている。

● **降任又は免職の事由**

法には次の4つの事由が定められている。降任又は免職いずれの分限処分を行うかは、その内容と程度に応じて任命権者が裁量によって決定すべきであるが、裁量の範囲を逸脱してはならない。なお、免職は特に厳密・慎重な判断が要求されるのに対し、降任は裁量的判断を加える余地を比較的広く認めても差し支えのないものと解されている（最判昭48.9.14）。

①**人事評価又は勤務の状況を示す事実に照らして、勤務成績がよくない場合**

これまで「勤務成績がよくない場合」と規定されてきたが、人事評価制度の導入により、要件の一層の明確化が図られた。なお、分限処分の明確化であるが、すでに分限処分指針を策定している地方公共団体もみられる。

②**心身の故障のため職務の遂行に支障があり、又はこれに堪えない場合**

病気休暇又は休職を経て回復の見込み等がない場合、降任又は降格を行うことができる。なお、職員の心身の故障が公務に起因する場合は労働基準法の適用がある。

③**①②の場合の他、その職に必要な適格性を欠く場合**

判例は、職員の外部に表わされた行動・態度に照らして、(1)その性質、態様、背景、状況等の諸般の事情、(2)それら一連の行動、態度については相互に有機的に関連付けた評価、(3)当該職員の経歴や性格、社会環境等の一般的要素、(1)～(3)の要素を総合的に検討した上で、当該職に要求される一般的適格性の要件との関連において判断しなければならない（最判昭48.9.14、最判平16.3.25）と判示している。

④**職制もしくは定数の改廃又は予算の減少により廃職又は過員を生じた場合**

離職の原因が本人の責任ではないため、人事委員会の定めにより、復職等に関し他の採用と異なる優先的な取扱いをすることが認められている。

分限処分の事由②
休職又は降給

● **休職の事由**

職員がその意に反して休職させられる場合として、次の3つがある。

①**心身の故障のため、長期の休養を要する場合**

一般的に短期の場合は病気休暇、長期の場合は休職とする。なお、感染予防の観点から、大学以外の学校の教員や事務職員が結核性疾患にかかった場合は最大満3年までの間、休職を命じることができる。

②**刑事事件に関し起訴された場合**

職員が刑事事件に関し起訴された場合には休職にすることができる。これは職員が起訴されることにより、裁判所による勾留、召喚等が行われ職務の遂行に支障が生じる場合、住民の公務に対する信頼に悪い影響を与える場合が考えられるため、休職にすることができるものと解されている。

なお、休職は起訴と同時にしなければならないものではなく、起訴の状態が続いている限りいつでも行うことができる。さらに、起訴された職員が一審で無罪とされ、引き続き控訴審が継続しているときに休職処分を継続するか否かは任命権者の裁量によるとされている（最判昭63.6.16）。

③**条例で定める場合**

条例で休職の事由を定めることができるとされている。条例の制定に際しては、国家公務員及び他の地方公共団体との均衡、特別休暇制度や職務専念義務免除との関係等に配慮する必要がある。

● **降給の事由**

降給の事由は、各地方公共団体が条例で定めることとされている。しかし、これを規定することは、技術的に困難であるとされており（行実26.9.4）一般的には定められていない。条例を定める場合は、職員の身分保障の趣旨から、その事由をできる限り明確に規定するとともに、職員個々について処分を行う必要があるものに限られるとされている（行実昭30.10.12）。

なお、法改正により降任が職制上の段階が下がることに限定して定義されたため、降格が降任ではなく降給に含まれると解される。そのため、今後降格を行う場合は条例を定める必要がある。

分限処分の特例

● **条件付採用期間中の職員及び臨時的任用職員の特例**
　分限処分に関する規定及び審査請求規定は原則適用されない。これは、条件付採用期間中の職員は、能力の実証中で能力に欠ける等があれば免職等を行えること、臨時的任用職員は、任用期間が短期であるため実益が乏しいことが考えられる。

● **教育公務員の特例**
① 　大学の学長及び教員は評議会の、部局長は学長の審査の結果によらなければ免職されず、教員の降任も同様である。また、免職、休職は、学長の申出に基づき任命権者が行う。休職期間は評議会の議に基づき学長が定める。
② 　公立学校の校長、教員、事務職員の結核性疾患での休職期間は、原則として満2年、必要があるときは満3年までで、給与の全額が支給される。
③ 　県費負担教職員の分限処分は、市町村教育委員会の内申に基づき都道府県教育委員会が行う。また、当該教職員が属する学校の校長は、これら教職員の分限について市町村教育委員会に意見を申し出ることができる。

● **労働基準法による分限免職処分への制限**
　国家公務員には労働基準法が適用されないのに対し、地方公務員には労働基準法が適用される（58）。そのため免職処分は次の制限を受ける。
① 　職員が公務災害による療養のために休業する期間とその後30日間及び女性職員が産前産後休業する期間とその後30日間は、分限免職することができない。ただし、任命権者が打切補償を支払う場合又は天災事変その他やむを得ない事由のために事業の継続が不可能となった場合で、労働基準監督機関の認定を受けたときはこの限りでない。
② 　分限免職する場合、少なくとも30日前に予告しなければならない。その予告をしないときは30日分以上の平均賃金を支払わなければならない。ただし、天災事変その他やむを得ない事由のために事業の継続が不可能となった場合又は職員の責に帰すべき場合で、いずれも労働基準監督機関の認定を得た場合は、解雇の予告及び予告手当の支給のいずれも必要としない。

分限処分の手続き等

● **条例主義**
　職員の意に反する降任、免職、休職及び降給の手続き及び効果は、法律に特別の定めがある場合を除くほか、条例で定めなければならない。これは分限処分が職員に対する不利益処分であるためである。

● **法律に特別の定めがある場合**
　法律に特別の定めがある場合として、地方公務員法49条に定める不利益処分に関する説明書の交付がある。処分説明書は、処分を受けた職員にその理由を明示するものであり、行政不服審査法に基づく教示としての意味を持つものとされている。ただし、処分説明書が交付されなかったとしても、適法な処分である限り効力は変わらない。

● **条例に定める手続きと効果**
　条例では、心身の故障による降任、免職及び休職の場合に医師の診断を要すること、休職の期間、休職期間中の給与について定められることとなる。
　このうち、医師の指定はあくまでも任命権者が指定するもので、本人が任意に依頼した診断書によることはできない。また、職員の勤務実績の不良等が心身の故障に起因することが疑われる場合、任命権者が医師の診断を受けることを命令したにもかかわらず、本人が診断を拒否した場合は分限処分を行うことができる。
　また、分限処分は書面を交付して行わなければならないとされるため、処分はその意思表示が相手方に到達したとき、つまり、辞令を交付したとき又は了知しうべき状態に置かれたときに効力を生ずる（最判昭30.4.12）。そのため、過去にさかのぼって分限処分を行うことはできない。なお、行方不明その他の理由により職員を分限処分する場合は、公示送達の手続き等により行うことができ（行実昭30.9.9）、条例に手続きを定めることも可能である。
　また、休職の効果が規定されて休職期間と給与が定められるが、休職中の給与の詳細は給与条例で定められる。なお、心身の故障による休職の場合、給与が支給されるのは最大1年（結核性疾患の場合2年）であり、条例による休職期間のうち1年（または2年）は有給であるが、残余の期間は無給となる。

依願休職

● **依願休職の可否**

依願休職とは法律に定める事由以外で、職員本人が希望し、任命権者がその必要を認めて行った無給の休職処分である。職員の意思に基づくため、職員の意に反する不利益処分ではなく、分限処分には当たらない。

依願休職が認められるかどうかは、地方公務員法上明らかにされておらず、職務専念義務があるため、制度としての依願休職は認められないという解釈もある。

国家公務員法上、休職は職員の意に反する場合のみに限られないものと解すべきであるとして、依願休職は肯定されているが（人事院行実昭26.1.12）、地方公務員法では休職は28条2項の事由に限られる（行実昭38.10.29）とし、依願休職は認められないとされている。

判例は、「地方公務員法28条は、その意に反して休職することができる場合を規定しているけれども、その意に基く休職については法律に何等の規定がない。休職は退職と異り公務員について職員たる身分を保有しながら職務に従事しない地位におくことであつて、このような状態は、右28条2項各号の場合のほか、本来法律の予定するところではないのであるが、それにもかかわらず、当該公務員が休職を希望し、任命権者が休職処分の必要性を認めて依願休職処分をした場合に、あえてこれを無効としなければならないものではなく、かく解釈したからといって、もともと休職が本人の意思に基くものである以上、当該公務員の権利を害することはない。」（最判昭35.7.26）と判示している。

● **職員の意思や同意に基づく休職**

職員の意思や同意に基づき、休職処分のように職を保有したまま職務に従事しない場合として、次のものがある。

職員団体の役員としてその業務に専ら従事する場合（在籍専従）、自己啓発休業、配偶者同行休業、育児休業、介護休業、教職員の大学院修学休業、他の地方公共団体への派遣、外国の地方公共団体の機関等への派遣、公益法人等への派遣が該当する。

懲戒処分

● 懲戒処分の意義

懲戒処分は、任命権者が職員の職務上の一定の義務違反に対して、道義的責任を問うための制裁として行う不利益処分であり、公務における規律と秩序を維持することを目的とするものである。

判例は「懲戒処分は、当該公務員に職務上の義務違反、その他、単なる労使関係の見地においてではなく、国民全体の奉仕者として公共の利益のために勤務することをその本質的な内容とする勤務関係の見地において、公務員としてふさわしくない非行がある場合に、その責任を確認し、公務員関係の秩序を維持するため、科される制裁である。」（最判昭52.12.20）としている。

● 懲戒処分の基準

任命権者が懲戒処分を行うか、懲戒処分のうちいずれの処分を選ぶかは裁量によって決定されるべきものであるが、その判断は、懲戒事由に該当すると認められる行為の性質、態様等のほか、当該公務員の当該行為の前後における態度、懲戒処分等の処分歴、選択する処分が他の公務員及び社会に与える影響等、広範な事情を総合して判断しなければならない（最判昭52.12.20）とされている。

● 懲戒処分の選択

懲戒処分の選択に際して、１つの義務違反に対し、２種類以上の懲戒処分を併科することはできない（行実昭29.4.15）。しかし同一職員が数個の義務違反を犯した場合は、その個々について個別の懲戒処分を行うことも、その全体を勘案して１つの懲戒処分を行うことも可能である。

一度有効に懲戒処分がなされた事実について重ねて処分を行うことはできないが、懲戒処分後、それ以前の義務違反が明らかになった場合には、当該事実について懲戒処分を行うことができると解されている。

また、懲戒処分には法律上の時効がなく、職員が職を有する限りいつでも懲戒処分を行うことができる。しかし、任命権者が義務違反の事実を了知しているにもかかわらず、時機を失して行った処分は処分の適否について問題が生じる可能性がある。

懲戒処分の種類

懲戒処分を重い順に並べると、免職、停職、減給、戒告となり、それぞれの意義は次のとおりである。

● **懲戒処分の種類**

① **免職**　職員をその職から排除する処分である。地方公営企業等の労働関係に関する法律12条に規定する解雇も懲戒免職と同趣旨の処分であると解されている。職員から職を失わせる点では分限処分と同じであるが、目的が異なるため、退職手当及び退職年金の取扱い上不利益を受ける。また、懲戒免職処分の日から2年間は当該地方公共団体の職員となることができない（当該地方公共団体でなければ職員となることはできる）。

② **停職**　職員を一定期間職務に従事させない処分である。分限処分の休職と異なり、職員の道義的責任を追及するための制裁であるため、給与は支給されない。また、退職手当の計算の基礎となる期間からも除算される。

③ **減給**　職員の給料の一定割合を減額して支給する処分である。分限処分の降給が給料の額を変更するものであるのに対して、減給は一時的な減額であり、給料の基本額は変更せず、所定の期間が満了すれば元の給料額に復する。

④ **戒告**　職員の責任を確認し、その将来を戒める処分である。

● **懲戒処分に類似する措置**

前記4種類の懲戒処分以外の懲戒処分は違法であり、行うことはできない。しかし現実には懲戒処分には至らない軽易な非違行動に対し、指導上の措置として、口頭注意、厳重注意、訓告、始末書の提出、諭旨免職などが行われている。

通常、これらの措置は職員の地位に影響を与えないものであり、制裁的実質を備えないものである限りは許されると解されている。

なお、これらの措置を受けた職員に対して、給与上の措置（一定期間の昇給の停止、退職手当の支給制限等）に結びつく場合があるが、これは成績主義に基づいて給与上の判断が行われたものであり、懲戒処分には該当しないと解されている。

懲戒処分の事由

● **懲戒免職の根拠**

　懲戒処分は職員にとって最も不利益な処分であるため、懲戒処分の事由は法律で定める場合に限られる。なお、分限処分が処分ごとに事由が定められているのに対し、懲戒処分は４種類の処分について処分事由は共通となっている。法律で定める事由は次の３種類である。

● **処分事由**

①**法令に違反した場合**

　職員が職務遂行に当たり、法律、条例、規則、規程に違反した場合である。なお、職務に関するものである限り、②の職務上の義務にも違反したこととなる。ただし、在籍専従職員、休職中の職員、停職中の職員のように職務に従事していない職員が違反を行った場合は、法令違反のみ該当する。

②**職務上の義務に違反又は職務を怠った場合**

　職務上の義務とは、法令又は職務上の命令、法令等及び上司の命令に従う義務違反であり、職務を怠る場合とは、つまり、職務専念義務違反のことである。

③**全体の奉仕者たるにふさわしくない非行があった場合**

　職員が全体の奉仕者たるにふさわしくない非行を行ったときは、信用失墜行為の禁止にも違反するため、①の事由にも該当する。いかなる行為が全体の奉仕者としてふさわしくないものであるかということは、社会通念によって判断するほかはないが、その判断には客観性が伴わなければならない。

● **懲戒処分の指針**

　住民に対する説明責任を果たすため、懲戒処分の対象となる事由を類型化していかなる処分の対象とするかを訓令や通達により定めることがある。しかし、懲戒処分の対象となる事由が引き起こされる事情にはさまざまなものがあり、一律に規定することは難しく、職員の責任の取り方に対する社会的評価が時代とともに変化することなども十分考慮して定める必要がある。

　なお、懲戒処分は任命権者の管理運営事項であり、懲戒処分の基準を定めることは勤務条件の１つとなる。そのため、懲戒処分の基準は職員団体との交渉の対象となる。

懲戒処分の範囲と対象

　懲戒処分は職員に対する制裁として行われる処分のため、再度職員となった場合を除き、職員が退職した場合には懲戒処分を行うことはできない。

● **兼職における懲戒処分**

　当該地方公共団体において、任命権者の異なる異動により任用行為が個別に行われる場合、後の任命権者は、前任命権者のもとで行った義務違反に対し懲戒処分を行うことができる。

　また、職員が、異なる任命権者に属する職を兼職している場合がある。この場合いずれの任命権者も懲戒処分を行うことができる。ただし、同一の義務違反について重ねて懲戒処分を行うことはできない。

　職員が異なる地方公共団体の職を兼職している場合は、職務上の義務違反はその職務の属する団体、身分上の義務違反についてはいずれの団体においても懲戒処分を行うことができ、それぞれ独自に重ねて行うこともできる。

● **懲戒処分の特例**

　分限処分とは異なり、条件付採用期間中の職員及び臨時的任用職員に対して処分を行うことができる。

①**教育公務員**　内容については分限処分（86頁参照）で述べた規定の適用を受ける。また、大学の教員等、県費負担教職員に対して特例がある。

②**労働基準法による懲戒処分の制限**　懲戒処分についても分限処分の項目で述べた規定の適用を受ける。そのほか、地方公営企業職員、特定地方独立行政法人の職員、単純労務職員の減給は、その1回の額が平均賃金の1日分の半額を、総額が1賃金支払期に支払われる賃金総額の10分の1を超えてはならない。

● **退職派遣職員等の懲戒**

　職員が任命権者からの要請に応じて、一度当該地方公共団体を退職し、国、他の地方公共団体、公益法人等に出向した場合は、復職後、退職前の非違行為を理由に懲戒処分を行うことができる。

　また、再任用は新たな採用であるとされているが、再任用職員に対しても、退職前の非違行為に対して懲戒処分を行うことが認められている。

懲戒処分の手続き等

● **手続き等の意義**

　懲戒処分は、職員の意に反する不利益な処分のため、手続き及び効果は法律に特別の定めがある場合を除き条例で定めなくてはならず、条例に何の規定もない懲戒処分は法律上の効果を生じない。なお、条例には懲戒処分を消滅させる旨の規定を設けることはできず（行実昭26.8.27）、懲戒処分の執行猶予を定めることはできない（行実昭27.11.18）と解されている。

● **法律に特別の定めがある場合**

　分限処分と同様に、不利益処分に関する説明書の交付をしなければならない。ただし、説明書は行政不服審査法に基づく教示としての意味を持つにとどまり、処分の効力に影響を及ぼすものではない。

● **条例に定める手続きと効果**

　条例では、減給の期間・割合、停職の期間及び停職中の給与等が定められ、分限処分と同様に書面を交付して行うことが定められている。そのため、書面が交付されない懲戒処分は無効である。また、懲戒処分の効力の発生時期は、辞令を交付したとき、又は了知しうべき状態に置かれたときとなり（最判昭30.4.12）、懲戒処分の日付をさかのぼって発令することはできない（行実昭29.5.6）。

　地方公営企業職員、特定地方独立行政法人の職員、単純労務職員の減給には労働基準法の適用があることに注意を要する。そのほかに、職員が懲戒処分を受けたときは、退職手当条例の定めるところにより退職手当の支給が制限されることがあり、懲戒免職又は停職の処分を受けたときは、地方公務員等共済組合法に基づく長期給付の一部を行わないこととされている。

● **懲戒処分の取消し及び撤回**

　処分権者が懲戒処分の取消し及び撤回ができるかどうかが問題となるが、懲戒処分はそれが行われた時点で完結する行政処分であるため、処分権者が取消し及び撤回をすることはできないとされている。

　取消し及び撤回は、人事委員会又は公平委員会若しくは裁判所の判定又は判決によってのみ行うことができると解されている。

分限処分と懲戒処分の違い

● **分限と懲戒の目的及び性格**

　分限処分は公務の能率の維持及び適正な運営の確保を目的とするのに対し、懲戒処分は公務における規律と秩序を維持することを目的としており、その目的が異なる。そのため、懲戒免職をすべき場合に、情状に応じて分限免職を行うことは許されず、その逆も許されない。

分限と懲戒の事由　×は事由なし

種別		法律	条例	処分事由
分限	免職	○	×	法律で定める4事由
	降任	○	×	
	休職	○	○	3事由
	降給	×	○	条例に規定
懲戒	免職	○	×	法律で定める4事由
	停職	○	×	
	減給	○	×	
	戒告	○	×	

● **重複処分の可否**

　同一の事実が分限処分の事由にも懲戒処分の事由にも該当する場合、処分を重ねて行うことができるかが問題となる。分限処分と懲戒処分は目的が異なる処分であること、また休職と停職のように職務に従事させない点は同様であっても、給与の支給などの効果が異なるため、両者を重ねて行うことは可能である。ただし、免職の場合は重ねて処分を行うことはできない。

● **同一の事由における分限処分と懲戒処分**

　職員が行った1つの行為に対して、分限処分及び懲戒処分の事由に該当する場合、いずれの処分を当該職員に対して行うかは、任命権者が諸般の事情を考慮して裁量により選択できるものと解されている（行実昭28.1.14）。いずれか一方の処分を行うか、両方の処分を行うかは、事実の内容に従って任命権者が適切に判断しなければならない。

● **分限と懲戒の公表における相違**

　分限処分と懲戒処分は個々の事例に対する公表について相違がある。これは分限処分が職員の非違行為に対する処分ではないこと、個々の事例を公表することにより職員の不利益につながるおそれがあること、懲戒処分は職員の不祥事であり、事実を公表することは住民に対する責任を果たすことでもあると考えられていることによるものと思われる。

6 離職

職員の離職

● **離職の意義**

職員の離職とは、職員がその身分を失うことをいう。また、職員の身分と職は一体のものとされているので、離職とは職員が職を失うことでもある。

● **離職の種類と意義**

地方公務員法は、国家公務員法と異なり離職に関する統一的な規定がない。離職を区分すると、失職と退職に大別することができる。さらに、失職は、欠格条項の該当、任用期間の満了又は定年によるものに、退職は、辞職、死亡、免職によるものに区分することができる。

それぞれの意義は次のとおりである。

①**失職：職員が一定の事由により、行政処分によらず当然に離職する場合**
  (1) 欠格条項に該当：職員が法定の欠格条項に該当した場合で、条例に特別の定めがないとき。また、法定の欠格条項ではないが、教員が免許を取り消されたような場合、失職するとした判例がある（最判昭39.3.3）。
  (2) 任用期間の満了：臨時的に任用された職員の任用期間が満了したとき。再任用職員・任期付職員・任期付研究員の任期満了も同様に解され、任期満了と同時に失職する。
  (3) 定年の到来：職員が定年によって退職すべき日が到来したとき。

②**退職：職員が任命権者の処分によって離職する場合**
  (1) 免職：職員を処分によってその意に反して退職させること。つまり分限免職処分又は懲戒免職処分をいう。職員をその意に反して退職させることができるのは、法律に基づく場合に限られる。
  (2) 辞職：職員が自らの意思に基づき退職することであり、依願退職ともいう。勧奨は退職の申出を誘因するものであるが、あくまでも本人の意思に基づくものであるから、法的性質は辞職である。また、諭旨免職の法的性質も辞職である。
  (3) 死亡：職員が在職中に死亡した場合をいい、死亡と同時に職員としての地位を失う。

依願退職

● **依願退職の性質**

　職員が依願退職（辞職）を希望する場合、一般的には退職願を提出し、任命権者が内部手続きを行った後、職員に退職辞令の交付を行うこととなる。

　依願退職については、失職や退職と異なり、地方公務員法上明文の規定がない。そのためこれに関する問題については条理・判例等によって解釈することとなる。

　退職願の法律的性質として判例は、職員の任用は行政行為であると考えられるので、その辞職、すなわち職を離れることについても任命権者の行政行為によらなければならない。したがって、職員は、退職願を提出することによって当然、かつ、直ちに離職するのではなく、退職願は本人の同意を確かめるための手続きである（高松高判昭35.3.31）と判示している。

● **退職の効力の発生時期と退職願の撤回**

　退職の効力の発生時期は、他の任用行為と同じく到達主義であるため、辞令が交付されたときであって、辞令の発信によって生ずるものではない（最判昭30.4.12）。また、辞令が交付されたときとは、職員が現実にこれを了知したときはもちろん、職員が了知しうべき状態に置かれたときを含む（最判昭29.8.24）としている。

　また、退職願を撤回できるかどうかの問題がある。判例は、退職辞令が交付され、有効に成立した後には撤回ができないが、退職願はそれ自体が独立に法定意義を有する行為ではないため、辞令を交付される前にこれを撤回することは信義則に反しない限り原則として自由であるとしている（最判昭34.6.26）。

　どのような撤回が信義則に反するかということが問題となるが、前判例では「信義に反する退職願の撤回によって、退職願の提出を前提として進められた爾後の手続がすべて徒労に帰し、個人の恣意により行政秩序が犠牲に供される結果となるので、免職辞令の交付前においても、退職願を撤回することが信義に反すると認められるような特段の事情がある場合には、その撤回は許されない」と述べている。

定年退職

● **定年退職の意義**

職員は、本人の意思によらない離職として、一定の年齢に達した場合に、その年度内の条例で定める日に退職することを規定している。

定年制度の目的は2つあり、第一に、職員の新陳代謝を計画的に行い、組織の活力の確保と公務能率の維持増進を図ること、第二に、所定の年齢まで職員の勤務の継続を保障し、安心して公務に専念できるようにすることである。

定年制度は、定年に達した職員を一律に退職させ、その身分を自動的に喪失させるものであり、法律によって保障されている身分保障の例外であるため、分限制度の中に位置付けられる。また、自動的に法律の効果が生ずるものであるため、任命権者による処分の必要はない。

● **定年制**

①**定年**　定年とは、定年制によって設けられた一定の年齢をいい、「定年に達したとき」とは、年齢計算ニ関スル法律（明治35年法律第50号、民法143②）により計算するため、職員が条例で定める定年の誕生日に達する前日となる。

②**定年に対する基準**　職員の定年は原則として国の職員の定年を基準として条例で定める。国の規定に準じ、原則として60歳、医師及び歯科医師は65歳、庁舎の監視などに従事する職員は63歳であり、その職務と責任に特殊性があること又は欠員の補充が困難であり、国の職員の定める定年とすることが困難であると認められる職員については、条例で別の定年を定めることができる（特例定年）。この場合、国及び他の地方公共団体の職員との間に均衡を失しないように適当な考慮をしなければならない。

なお、公立大学の教員の定年は、評議会の議に基づいて学長が定める。その退職日は、定年に達した日から起算して1年を超えない範囲内で評議会の議に基づき学長があらかじめ指定する日である。

③**適用除外**　定年制は、一時的あるいは非恒常的な職に任用された職員、すなわち臨時的任用職員など任期を定めて任用される職員及び非常勤職員には適用されない。

勤務延長

● 勤務延長の意義

　勤務延長は定年退職の特例であり、専ら公務上の必要性に基づいて行われる。勤務延長が認められるのは、定年退職する職員の職務の特殊性又はその職員の職務の遂行上の特別の事情からみて、その退職により公務の運営に著しい支障が生じると認められる十分な理由があるときである。その場合条例で、当該職員の定年退職日の翌日から起算して１年を超えない範囲で期限を定め、職員の同意に基づきその職務を引き続き勤務させることができる。

　これは、地方公共団体の事業が多種多様な職務と多数の職員との組み合わせによって遂行されているため、個々の事務事業についてみた場合、特定の職員に定年後も引き続きその職務を担当させることが公務遂行上著しく得策であることがあり得るためである。

　勤務延長を行う場合、定年制の趣旨を損なわない範囲で認める必要があり、任命権者は慎重かつ厳格にこの特例措置を運用しなければならない。

　なお、職員の職務の特殊性とは、職務そのものの内容に特殊性、非一般性がある場合であり、例えば、へき地勤務の医師、歯科医師、保健師等の勤務延長が該当する場合がある。また、その職員の職務の遂行上の特別の事情とは、当該職員に職務遂行上の際立った能力又は特別の事情がある場合であり、特殊な専門分野の研究に従事する職員の勤務延長が該当する場合がある。また、両者の要件に該当する場合も考えられる。

● 勤務延長の手続き等

　勤務延長の手続きは条例で定めなければならない。条例では、勤務延長を行う職員の定年退職日の翌日から起算して１年を超えない範囲内で期限を定める。また勤務延長の事由が引き続き存在する場合、さらに１年を超えない範囲内で定年を再延長することができる。ただし、この再延長は本来の定年退職日の翌日から起算して３年を超えることはできない。

　勤務延長された職員の身分取扱いは、一般の職員と同様であり、延長された期間は退職手当、共済組合の年金の算定期間についても通算される。

再雇用

● 再雇用の意義
　地方公共団体の中には再任用制度とともに、定年退職者や勧奨退職者の能力及び経験を活用する場合がある。そのうち、地方公務員法3条3項3号の非常勤特別職の職員として雇用する場合があり、これを再雇用制度という。東京都や特別区で実施されており全国的には事例が少ない。

● 再雇用の勤務条件等
①**対象者**　定年退職者及び勧奨退職者を対象としているが、再任用職員も対象としている事例もある。
②**採用方法**　採用方法については、採用試験を行わず、希望調書をとった上で面接等を行うといった事例がみられる。
③**雇用期間**　雇用期間は法律上決まっていないが、1年間とし、更新回数が決められている。また65歳を限度とする事例もある。
④**報酬等**　報酬が支払われ、退職手当、期末手当、勤勉手当などは支給されない。
⑤**勤務時間・勤務日数**　常勤職員と比べて短く、弾力的な運用が行えるようにしている。
⑥**休暇等**　勤務日数、勤務年数を考慮した上で年次有給休暇が与えられ、慶弔休暇も与えられる場合がある。
⑦**社会保険**　共済組合へは加入せず、勤務形態に応じて健康保険や厚生年金保険及び雇用保険が適用される場合がある。
⑧**業務内容**　専門的業務、補助的な業務に当たる。
⑨**分限、懲戒、服務等**　地方公務員法は適用されず、設置要綱等による。

● 採用に係る任命権者の裁量
　再雇用制度（再任用制度も同じ）について、判例では採用希望者を必ず合格させなければならないわけではなく、また、合格者を必ず採用しなければならないわけでもない。面接、推薦書及び申込書により申込者を総合的に判断して採否を判定するものとしており、任命権者の合否及び採否の判定については広範な裁量権を認めている（東京高判平21.10.15）。

再任用制度の概要

● **再任用制度の趣旨**

　年金の支給開始年齢が段階的に満65歳に引き上げられることに伴い、地方公務員についても年金の支給開始年齢までの間、雇用の確保が必要となる。また高齢者の知識や知恵を広く活用する等の観点からも、定年退職者や定年退職者と同様の知識・経験を持つ者を対象とした再任用制度が定められている。

　この背景として、年金支給開始まで職員の定年を延長することは適当ではないと考えられたことから、従前の再任用制度を改正し、弾力化することによって対応することとなったものと考えられる。この新たな再任用制度は平成13年4月に施行され、年金支給開始年齢の引き上げを意識した制度となっている。また、年金開始までの職員の生活を保障するという面から、国においては閣議決定で希望者全員を再任用するとの方針が決定されている。

● **再任用制度の概要**

　再任用制度の対象となるのは定年退職者、勤務延長後の退職者、定年より前に退職したもので条例で定める者となる。再任用の対象者は、当該地方公共団体で任用されていた者だけでなく、当該地方公共団体が構成員となっている地方公共団体の組合（一部事務組合、広域連合）の定年退職者等も対象とすることができる（地方公共団体の組合の任命権者が、構成団体の地方公共団体の退職者等について再任用することもできる）。なお、都道府県教育委員会は教職員における定年退職者等を、定年退職した市町村以外の市町村における教職員として再任用することができる。

　次に任用の方法であるが、任用は従前の勤務実績などに基づく選考による。なお、人事委員会を置く地方公共団体においても、選考を行うのは任命権者となる。これは、選考における勤務の実績を最もよく承知しているのが任命権者であるためである。

　再任用職員の任期は1年を超えない範囲内で条例により定められる。さらに、1年を超えない範囲で更新することができ、条例が認める限り何回でも更新することができる。ただし、任期の更新は条例により、年金の支給開始年齢の引き上げに対応するものとしている（上限65歳）ことが多い。

再任用における勤務形態

● **再任用職員の身分取扱い**

　再任用には常時勤務を要する職と短時間勤務の職の2つがあり、どちらも一般の職となる。そのため原則として地方公務員法が全面的に適用される。ただし、再任用される職員は、以前の勤務の実績等により職務遂行能力が実証されているため、条件付採用については適用されない。

　再任用職員には、報酬が支払われる非常勤職員と異なり、給料、手当、旅費が支給される。このうち手当については、再任用制度の趣旨から職務に直接関係のあるもの以外、つまり長期継続雇用を前提にした生活費に関連する生活関連手当や、人材確保の観点から支給される手当は支給されない。支給される手当として、通勤手当、地域手当、超過勤務手当、期末手当、勤勉手当、特殊勤務手当、調整手当、単身赴任手当（国において平成27年4月以降）などがあり、支給されない手当として退職手当、扶養手当、住居手当、寒冷地手当、特地勤務手当などがある。

　再任用職員は条例で定める定数に含まれ、再任用職員の公務災害補償は地方公務員災害補償基金が実施する。

　また、常時勤務を行う再任用職員は共済組合の組合員となり、再任用中は退職年金の支給がされている場合は停止されるとともに、任用中の期間は組合員の期間として合算され退職年金の額が決定される。

● **短時間勤務職員**

　高齢職員には短時間の勤務形態を希望する傾向があることから、再任用に限り本格的な業務での短時間勤務の職員の従事を認め、勤務形態を弾力的に活用して効率的な業務運営が行えるよう改正された。

　短時間勤務職員の勤務時間は条例で定められるが、国が1週間当たり15時間30分から31時間までの範囲で定めていることと均衡を図る必要がある。また、条例では年次有給休暇についても定めているが、労働基準法施行規則24条の3の規定を前提として定めることとなる。短時間勤務職員は共済組合には加入しないが、1週間当たり23時間15分以上勤務する場合には、原則として厚生年金保険及び健康保険の被保険者となる。

7 職員の責任

賠償責任

● 職員の賠償責任
　職員が職務上、故意又は過失により地方公共団体又は第三者の権利を侵害したとき又は損害の発生について職員に帰責事由があるときは、職員は賠償責任を負うことがある。

● 民法に基づく賠償責任
　職員が、その職務を遂行するに当たって、故意又は過失により個人の権利を侵害した場合には、その損害を埋め補って回復させる責任を負う。職務遂行により生じた損害については、すべて国家賠償法が適用されるわけではなく、民法が適用される場合もある。また、職員が、職務の遂行に起因して住民訴訟以外の手段により損害賠償請求を受ける場合（例えば窓口対応に問題があるとして、名誉毀損で訴えられる場合など）には、損害賠償責任が認められる場合もある。

● 国家賠償法に基づく賠償責任
　行政活動による損害の賠償について、民法が一般法であり、国家賠償法は特別法の性格を持つこととなる。
　公権力に当たる職員が、故意又は過失により違法に第三者に対し損害を与えたときは、地方公共団体が賠償責任を負う（国賠1①）。この場合、職員も直接に賠償責任を負うかどうかが問題となるが、判例では職員の職務行為に基づく損害については、地方公共団体の責に任ずるものであって、職員が行政機関としての地位において賠償の責任を負うものではなく、また職員個人もその責任を負うものではない（最判昭30.4.19）と職員の個人責任を否定している。
　地方公共団体が賠償責任を負う場合、職員に故意又は重大な過失があるときは、地方公共団体は当該職員に対して求償権を有し（国賠1②）、職員はその範囲で責任を負う。
　ここで民法が軽過失の場合にも求償権を認めているのに対して、国家賠償法が職員に対する求償権を故意又は重大な過失に限っているのは、職員が職務執行について消極的になり、正当な職務の執行さえ十分に行えなくなることを恐れたためである。

地方自治法に基づく賠償責任

● **地方自治法に基づく賠償責任の趣旨**

　会計職員及び予算執行職員等の職務の特殊性から、その賠償責任について、民法上の債務不履行又は不法行為による損害賠償責任よりも責任発生の要件及び責任の範囲を限定して、これら職員がその職務を行うに当たり畏縮し消極的になることなく、積極的に職務を遂行することができるよう配慮するとともに、地方公共団体が損害を被った場合には、簡便な方法で、損害の補てんを容易にしようとするものである（最判昭61.2.27）。

● **賠償責任を負う職員の範囲と事由**

　賠償責任を負うこととなる職員の範囲及び事由は、第一に会計職員がその保管する現金、有価証券、物品等を亡失又は破損した場合、第二に予算執行職員又は直接の補助職員で規則により指定される職員が法令の規定に違反して当該行為を行ったこと又はこれを怠ったことにより、地方公共団体に損害を与えた場合である。その損害が2人以上の職員によって生じたときは、それぞれの職分に応じ、かつ、損害発生の原因となった程度に応じて賠償責任を負う。違反行為の後に退職・異動した場合にも、退職・異動前の違反行為について、賠償責任を負うことになる。

　賠償責任の要件は故意又は重大な過失があることであり、現金亡失については故意又は過失の場合も賠償責任を負う。

　なお、職員が賠償責任を負う場合は、民法の賠償責任に関する規定は適用されず、競合して行使することはできない。

● **賠償責任の手続き等**

　地方公共団体の長は、監査委員に対し、事実の有無の監査、賠償責任の有無及び賠償額の決定を求め、その決定に基づいて当該職員に賠償を命じなければならない。ただし、監査委員が賠償責任があると決定した場合においても、議会の同意を得て賠償責任の全部又は一部が免除される場合がある。

　賠償命令に不服がある職員は、行政不服審査法に基づき審査請求をすることができる（平成26年に異議申立て手続きが廃止され、審査請求に一元化されるため、当該処分をした地方公共団体の長に審査請求をすることとなる）。

刑事責任の意義と刑法上の刑罰

● **刑事責任**

　職員がその地位に基づいて行う職務行為に対して、刑罰を受ける場合がある。また、刑罰には刑法によるものと行政法規によるものがある。

　刑法には、公務員の品位の保持と公務の適正な実施を図るため、公務に従事する職員に対して罰則が設けられている。

　行政法規には、その法規に定められた行政目的を達成するために、罰則が設けられる場合がある。地方公務員法のほかに職員に対して罰則が設けられているものに、公職選挙法、地方税法、住民基本台帳法などの例がある。なお、罰則は刑事訴訟法にのっとった手続きによって科される。

● **刑法による刑罰（公務員に関するもの）**

　刑法には、公務の適正と職権行為の相手方となる個人の保護のため、職権濫用行為や職務遂行の際の一定の違法行為を処罰する規定（職務濫用罪）として次のものがある。

　①公務員職権濫用罪
　②特別公務員職権濫用罪
　③特別公務員暴行陵虐罪
　④特別公務員職権濫用等致死傷罪

　職務の公正に対する社会の信頼確保のため収賄に関して次のものがある。

　⑤収賄、受託収賄及び事前収賄罪
　⑥第三者供賄罪
　⑦加重収賄及び事後収賄罪
　⑧あっせん収賄罪

　また、職務執行行為として法益を侵害する「職務犯罪」（①、②）と、職務に関連してなされる犯罪ではあるが、形式的にも実質的にも正当な職務の範囲に属さないことが明らかな「準職務犯罪」（③、⑤～⑧）に区別することもできる。

　なお、刑法で対象となる公務員には一般職員のほか、議員、民生委員、農業委員、保護司など法令により公務に従事するすべての者が含まれている。

地方公務員法上の刑事責任
（罰則）

● **地方公務員法上の罰則**

　地方公務員法で定める罰則は次のとおりである。なお、平成26年の法改正により罰金額が国家公務員法の水準に引き上げられ、3万円以下の罰金が50万円以下の罰金に、10万円以下の罰金が100万円以下の罰金へと改められている。

① **1年以下の懲役又は50万円以下の罰金**

　(1)平等取扱原則に違反した者、(2)守秘義務に違反した者、(3)審査請求（不利益処分）に対する人事委員会又は公平委員会の指示に故意に従わなかった者。

② **3年以上の懲役又は100万円以下の罰金**

　(1)審査請求（不利益処分）に係る人事委員会又は公平委員会審査の証人喚問に正当な理由なく応じなかった者又は虚偽の証言をした者、及び審査書類等の提出要求に正当な理由なく応じず、又は虚偽の事項を記載した書類等を提出した者、(2)受験成績、人事評価等に基づかないで任用した者、(3)競争試験の受験阻害又は秘密の情報を提供した者、(4)争議行為の共謀、そそのかし、あおり、又はこれらの行為を企てた者（職員に限定されず、何人たるかを問わない）、(5)措置要求申出を故意に妨げた者。

③ ①(2)、②(1)、(2)、(3)、(5)の行為を企画、ほう助する行為等をした者は、それぞれに対する刑罰と同じ刑罰に処せられる。

● **平成26年の法改正に伴う罰則の追加**

　法改正により、地方公共団体には退職管理の適正確保が求められるようになった。それに伴い実効性を確保するため、新たに次の罰則が規定された。

①　働きかけ規制に違反して働きかけをした再就職者には、10万円以下の過料。

②　不正な行為をするように働きかけた再就職者やそれに応じた職員には、1年以下の懲役又は50万円以下の罰金。

③　不正な行為を見返りとする再就職のあっせんや求職活動を行った職員に対し、3年以下の懲役。なお③の要求行為が、刑法上の罪を構成する場合は、地方公務員法ではなく、刑法上の罪のみが成立する。

服務・退職管理

服務の根本基準

● **服務の本質**

　服務とは、職務に従事する者が守らなければならない義務や規律のことをいう。地方公務員法30条では「すべて職員は、全体の奉仕者として公共の利益のために勤務し、且つ、職務の遂行に当つては、全力を挙げてこれに専念しなければならない。」と規定している。

　服務の根本基準として、第一に、職員は、全体の奉仕者として公共の利益のために勤務するということがある。これは日本国憲法15条2項「すべて公務員は、全体の奉仕者であつて、一部の奉仕者ではない。」に由来しており、公務員の基本的性格を意味している。全体の奉仕者とは、戦前の天皇を頂点とした大日本帝国憲法下での国家機構における官吏ではなく、民主主義国家において、主権を有する国民全体の奉仕者として位置付けられたことを意味している。また、職員は、全体の奉仕者として職務を行うのであるから、公共の利益のため職務を行わなければならない。ここでいう公共の利益とは具体的な定義がなく、社会的状況を背景に総合的、相対的に判断されるものである。なお、全体の奉仕者という基準から、行政の運営は現実の政治にかかわらず、法令に基づき公平に行われなければならない。

　第二に、職員は職務の遂行に当たって全力を挙げて勤務すべきであることとされ、職務専念義務が規定されている。職務に専念することは民間企業と同様であるが、職員には全体の奉仕者として、また、法律上の責務として強く求められている。

　これらのことから、職員は民間企業の職員とは異なり、法律上強い身分保障を受けるとともに、服務としてさまざまな義務及び責任が課されることになる。また、職務の公共性という観点から、民間の契約的な雇用関係と異なり、職務上の規律だけにとどまらない高い倫理性が求められる。

　なお地方公務員法30条の規定は精神的、倫理的な規定であって、この規定違反によって懲戒処分を受けることはない。服務規程の違反については、法令等及び上司の職務上の命令に従う義務、信用失意行為の禁止などの個別の服務規程違反として措置される。

職員の義務及び服務の宣誓

● **身分上の義務と職務上の義務**

　服務について、職員が職務の遂行と関係なく職員の身分を有する限り、勤務時間外、休暇、停職等の場合でも当然に守るべき義務を身分上の義務と呼び、職員が職務を遂行するに当たって守るべき義務を職務上の義務と呼ぶ。身分上の義務として、信用失墜行為の禁止、守秘義務、政治的行為の制限、争議行為等の禁止及び営利企業への従事等の制限が規定され、職務上の義務として誠実の義務、法令等及び上司の職務上の命令に従う義務、職務専念義務が規定されている。

● **服務の宣誓**

　職員は、条例の定めるところにより、服務の宣誓をしなければならない。服務の宣誓は、戦後、アメリカ合衆国の影響によって取り入れられたものとされており、本来は宗教的な側面を有するものである。しかし日本においては宗教的な側面はなく、専ら職員の倫理的自覚を促すことを目的としている。

　服務の宣誓は、条例で定めるところにより行わなければならず、通常、任命権者又は任命権者の定める上級の職員の面前において、宣誓書に署名する等の方法が定められている。また、宣誓の内容についても規定されており、通例では日本国憲法の尊重と擁護、全体の奉仕者として誠実・公正に努めることなどが定められており、さらに地方公共団体によってはその団体が目指すべき理念のもとに職務を遂行することなどを規定する事例もある。

　なお、警察職員、消防職員など職務の違いに応じても、規定される宣誓の内容が若干異なっている。

　職員の服務上の義務は、この宣誓をすることによって生じるものではなく、職員として任用されたことにより当然生じる。そのため服務の宣誓は職員の事実上の行為であり、宣誓により特別の効果が課されるわけではない。ただし、服務の宣誓は職員の義務であり、宣誓を拒む場合は懲戒処分の対象となる。

　また、服務の宣誓は、新たに職員となったその都度行う。退職した職員が再び職員として採用されるときは改めて宣誓を行う必要がある。

法令等及び上司の職務上の命令に従う義務① 法令等に従う義務

● **法令等及び上司の職務上の命令に従う義務の意義**

　近代国家の基本原則の1つに、法規範にのっとった行為をしなければならないという法治主義の原則がある。そのため職員は、職務を遂行するに当たり、関係する法規に従って事業・事務を行わなくてはならない。上司の発する職務命令は、法令等の内容を具体的に実施するためのものであるため、法令等に従う義務の必然的な結果が、職員に対する上司の職務命令に従う義務であるといえる。

　地方公務員法には、職員がその職務を遂行するに当たって、法令等に従う義務と上司の職務上の命令に従う義務が規定されており、職員がこれに違反した場合、罰則は定められていないが懲戒処分の対象となる。

　なお、職員が、法令に従わなければならないのはその職務を遂行するに当たってであり、職員の職務の遂行には直接関係のない法令、つまり職員が職務と無関係な一市民として違反した場合は地方公務員法32条に規定する義務には違反しない（ただし、信用失墜行為、全体の奉仕者にふさわしくない非行として懲戒処分に該当する場合がある）。

● **職務命令に従う義務**

　職員は職務を遂行するに当たり、上司の職務上の命令に忠実に従わなくてはならない。これは行政組織及び行政機能の統一性を確保し、秩序ある行政の執行を確保するためである。職員が命令に従う義務を負うことになるのは、職員が地方公共団体との特別な権力関係にあるためであると考えられている。

● **職務上の上司と身分上の上司**

　行政の職務機能は、ピラミッド型の階層構造を形成している。上司とは、この職務機能のもと、職員に指揮監督する権限を有する者をいう。ただし任用上の上位にある者が必ず職務上の上司となるわけではない。

　また、職務命令を行う上司には職務上の上司と身分上の上司がある。職務上の上司とは職務の遂行について指揮監督する権限を有する者をいい、身分上の上司とは職員の任免や懲戒等身分取扱いについて権限を有する者をいう。

法令等及び上司の職務上の命令に従う義務② 職務命令

● **職務命令**

　職務命令には、職務の執行に直接関係する職務上の命令と職務の執行とは直接の関係を有しない身分上の命令がある。身分上の命令については、職務上の上司及び身分上の上司のいずれもが発することができるが、職務と無関係に発することはできず、職務上、合理的な範囲内でなければならない。例えば特定の職員に職務の必要上行う公舎への居住命令、制服の着用、名札・バッチの着用等について命じることは可能であるとされている。

　なお、職務上の命令が成立するには次の3要件を充たす必要があり、文書又は口頭により行われる。(1)権限ある上司から発せられたこと、(2)職務に関するものであること、(3)法律上又は事実上、実行可能であること。

● **県費負担教職員の特例**

　県費負担教職員については都道府県条例によって勤務条件が定められる。都道府県教育委員会に任命権があり、服務は市町村教育委員会が監督する。また、職務遂行に当たっては、法令、市町村の条例・規則、市町村教育委員会の規則・規程に従い、市町村教育委員会その他職務上の上司の職務命令に忠実に従わなければならないとされている。

● **違法な職務命令**

　上司の発する職務命令のすべてが拘束力を有するとは限らない。職務命令に重大かつ明白な瑕疵がある場合は、その職務命令は無効であり、職員はこれに従う義務はない。無効の職務命令に従った場合は、職員はその行為及び結果について責任を負うことになる。

　これに対して、職務命令に取り消しうべき瑕疵があるとき、あるいは有効な命令であるか疑義があるときは、その職務命令は有効と推定され、職員はその職務命令が権限ある機関によって取り消されるまでは、その命令に従う義務が生じる。この場合、職員は職務命令に疑義があることについて、上司にその旨意見を述べることができる。なお、職務命令が違法となった場合、取り消しうべき瑕疵又は有効な命令であるか疑義のある職務命令に従った職員は、その行為及び結果について免責されると解される（最判H15.1.17）。

信用失墜行為の禁止

● **信用失墜行為の禁止の意義**

　職員は、住民からの信託を受け公務を遂行する。これは、全体の奉仕者として公共の利益のため勤務すべき義務を負うことであり、そのため職員には、一般人以上に厳しく、かつ、高度な行為規範に従うことが要求されている。信用失墜行為はこの行為規範を倫理規範にとどめず、法律上の規範として定めたものである。

　職員の職務の内外における非行は、その職員個人の信用のみならず、その職員の担当する職務ひいては公務全体に対する住民の信用・信頼を損なうことになる。そのため職員の行為が信用失墜行為に該当した場合、その非行が職務に関して行われたかどうかを問わず、地方公務員法29条1項3号に規定する全体の奉仕者たるにふさわしくない非行のあった場合に該当し、懲戒処分の対象となる。ただし、罰則規定はない。

● **信用失墜行為の内容**

　信用失墜行為には、①職員の職の信用を傷つける行為、②職員の職全体の不名誉となるような行為がある。①は、職務に関連する場合で、例えば職員が職権を濫用したり、収賄を行うなどの非違行為が該当する。②は、職務に関連する場合のほか、直接に職務とは関係のない職員の個人的な行為も含まれるとされており、傷害、窃盗等の刑法上の犯罪行為、飲酒運転等の違法行為等により刑罰を科される場合が該当すると考えられる。さらに、私生活における社会道徳的に強い非難を受ける行為なども信用失墜行為に該当する場合がある。また、政治的行為の禁止、争議行為等の禁止違反のような服務規定違反も信用失墜行為に該当する場合があり、さらに来庁者に対して粗暴な態度を取ったという直接には特定の服務規定に違反しない行為も信用失墜行為に該当する場合がある。

　具体的にどのような行為が信用失墜行為に該当するかについては、一般的な基準はなく、社会通念に基づいてそれぞれの行為について判断するしかない。しかし、任命権者の恣意的な判断は許されず、客観的、社会的に納得される判断でなければならない。

守秘義務の意義と秘密の概念

● **守秘義務の意義**

　地方公共団体は業務として、住民登録、年金、医療保険、教育、税務などを担っており、業務目的の達成のため住民や企業に対して各種の届出義務を課す法令も多い。また、行政目的達成のため自ら調査を行うこともあり、地方公共団体には膨大な個人や企業活動に関する情報が蓄積されている。そしてこれらの情報が公開されると特定の者の利益・不利益となるのみならず、社会全体の秩序を損ねるおそれもある。それにより、行政に対する住民の不信の念を引き起こし、ひいては行政の円滑な運営に支障を生ずることが予想される。

　そのため、職員又は退職者は職務上知り得た秘密を漏らしてはならず、秘密を漏らした者は守秘義務違反として懲戒処分の対象となる。また併せて、1年以下の懲役又は50万円以下の罰金に処される。この他にも信用失墜行為の禁止違反の問題も生じることがある。

● **秘密の概念**

　秘密の定義であるが、秘密とは一般的に了知されていない事実であって、それを一般に了知せしめることが一定の利益の侵害になると客観的に考えられるものである（行実昭30.2.18）。そして何が守るべき秘密に該当するかは、形式的に秘密の指定がなされているだけでは足りず、秘密とは「非公知の事項であって、実質的にもそれを秘密として保護するに価すると認められるものをいう」（最判昭52.12.19）と解されている。

　地方公務員法上、職員又は退職者が漏らしてはならない秘密とは「職務上知り得た秘密」である。なお、秘密事項の発表に際し、任命権者の許可を受けなければならないのは職員が職務の執行に関連して知り得た「職務上の秘密」に限られる。

　「職務上知り得た秘密」とは、職務の執行に関連して知り得た秘密であって、担当する職務に関する秘密のほか、担当外の事項であっても職務に関連して知り得た秘密も含まれる。また、「職務上の秘密」は職員の職務上の所管に関する秘密に限定され、職務上知り得た秘密の一部と解されている。

守秘義務と秘密事項の発表

● **秘密事項の発表の許可**

　職務に関する秘密事項であっても、法令により証人、鑑定人等になり職務上の秘密を公表をしなければならない場合がある。この場合、現に職員である者は任命権者の、すでに退職した者については離職した職又はこれに相当する職の任命権者の許可を受けなければならない。そして、任命権者には、法律に特別の定めがある場合を除いて許可を与えなければならないとされている。

　ここで、任命権者の許可を受けなければならないのは「職務上の秘密」に限られ、「職務上知り得た秘密」でも「職務上の秘密」でないものについては許可を必要としない。

● **法令による証人、鑑定人等**

　法令により証人、鑑定人等になる場合とは次の場合がある。

① 　民事事件に関して裁判所で証人として訊問される場合（以下民事訴訟法）、鑑定人として鑑定する場合、鑑定証人として鑑定する場合、刑事事件に関して証人として訊問される場合（以下刑事訴訟法）、鑑定人として鑑定する場合、鑑定証人として訊問される場合

② 　地方公共団体の議会がその事務に関する調査（通称「100条調査」）を行い、選挙人その他の関係人の出頭及び証言並びに記録の提出を請求する場合（自治100）、国会が議案その他の審査又は国政に関する調査のため、証人として出頭及び証言又は書類の提出を求める場合（議院証言1）

③ 　人事委員会又は公平委員会が、法律又は条例に基づく権限の行使に関し必要があるとして、証人を尋問する場合（地公法8⑥）、国の人事院又はその指名する者が人事行政の調査に関し、証人を喚問し又は書類あるいはその写しの提出を求める場合（国公17②）

　なお、①、②の場合は「法律に特別の定めがある場合」と規定されており、任命権者は許可を与えないことができるが、③の場合は法律に特別の定めがなく、任命権者は必ず許可を与えなくてはならない。特に人事院から秘密事項の陳述又は証言を求められたときには、許可を不要とする規定がある。

職務専念義務の概要

● **職務に専念する意義**

　職員は、住民からの信託を受け、全体の奉仕者として公共の利益のために勤務すべき義務を負い、そのため職務の遂行に当たっては、全力を挙げて職務に専念しなければならない（30）。職務専念義務はこのことを服務規程として具体化するとともに、法律又は条例において特別の定めがある場合にはその例外が認められることを規定している。

● **職務専念義務の内容**

　職務専念義務は、職員がその勤務時間及び職務上の注意力のすべてをその職責遂行のために用いなければならず、当該地方公共団体がなすべき責を有する職務にのみ従事しなければならないことを意味している。

　ここで、地方公共団体がなすべき責とは、自治事務及び法定受託事務が含まれるのは当然として、他の地方公共団体から委託を受けた事務、地方公共団体が共同設置した機関の事務など、地方公共団体が適法に行う事務が広く含まれる。

　また、職員がなすべき職責とは、地方公共団体がなすべき責を有する職務のうち、職員に具体的に割り当てられた職務と責任をいう。

　職員に職務専念義務が要求されるのは、勤務時間中に限られている。これは、勤務時間外においても職務の影響を受けることにより管理職手当が支給される管理監督職員についても同様である。ここでいう勤務時間とは、正規の勤務時間をいうが、時間外勤務、休日勤務、宿日直等を命じられて職務に従事する時間も含まれている。

　職員は勤務時間中、身体的にも精神的にも職務に専念しなければならない。最高裁は勤務時間中に反戦プレートを着用する行為について、身体活動の面だけからみれば作業の遂行に特段の支障が生じなかったとしても、精神的活動の面からみれば注意力のすべてが職務の遂行に向けられなかったものと解されるから、職務上の注意力のすべてを職務遂行のために用い職務にのみ従事すべき義務に違反しており、職務に専念すべきである（最判昭52.12.13）として、職務専念義務に違反したことになるとした判例がある。

職務専念義務の免除

● **職務専念義務の免除**

　職務専念義務の免除は、法律及び条例に特別の定めがある場合に限り、職務専念義務を免除することができる。任命権者は、公務優先の原則に照らし、合理的な理由がある場合に免除について限定的に与えることができる。

　法律又は条令に基づく職務専念義務の免除は、次の場合による。

①**法律に定めがある場合**

　分限処分による休職、懲戒処分による停職、在籍専従、適法な交渉に参加する場合、病者の就業禁止、労働基準法に基づく休暇等（年次有給休暇、産前産後の休暇、育児時間、生理休暇など）、育児休業（部分休業を含む）を取得する場合、育児短時間勤務を取得する場合、介護休業を取得する場合、自己啓発等休業を取得する場合、大学院修学休業を取得する場合がある。

②**条例に定めがある場合**

　職員の勤務時間、休暇等に関する条例に週休日、休日、代休日、休暇などが定められている場合、職務専念義務の免除に関する条例による研修を受ける場合、厚生に関する計画の実施に参加する場合などがある。

　なお、県費負担教職員については、市町村教育委員会が服務を監督することから、市町村の職務専念義務の免除に関する条例に従うこととなり、その免除の承認も市町村教育委員会が与える。

● **職務専念義務の免除と給与**

　職務専念義務免除の間、給与の支払いについては、法律で明確に定めているもののほか、原則として給与条例で定める。

　法律で支給するべきものには、年次有給休暇、分限処分による休職の大部分などがある。

　支給してはならないものとして、懲戒処分による停職、自己啓発等休業、配偶者同行休業、大学院修学休業（教特㉖㉗等）、在籍専従、勤務時間中の組合活動（条例で定める場合は支給される）、介護休暇、育児休業（条例により期末手当又は勤勉手当を支給することができる）があり、育児短時間勤務又は部分休業は勤務時間に応じた給与が支給される。

政治的中立

● 政治的中立の意義

　職員には一定の政治的行為が制限されている。その目的は、職員を政治的中立に位置付け、地方公共団体の公正な運営を確保するとともに、職員を政治的影響力から保護することにある。

　政治的行為が制限される理由の1つは、職員は全体の奉仕者であって一部の奉仕者ではないという原則に基づくものである。

　これは、国又は地方公共団体において政策を決定する政治と決定された政策を技術的・事務的に実行する行政は、密接に関係するものの、機能的には明確に分化しており、政治は民主的代議制のもとで政権の交代による政策の変転が予定されているのに対し、行政はその技術的性格から安定性と継続性の確保が要請されるためである。

　また、行政を担う職員は全体の奉仕者として、その地位によって政治に影響を及ぼすことを禁止され、さらに、政治の側からもスポイルズシステムの弊害を防止する必要から職員の地位に影響を及ぼしたり、職務の遂行に対して干渉することを禁止している。

　なお、政治的行為の制限の違反については、国家公務員の場合は、行政罰と刑罰が適用され、地方公務員の場合は、行政罰（懲戒処分）の適用のみである。

● 政治的行為と憲法

　憲法は国民に対して、集会、結社及び言論その他の表現の自由を保障し、政治的関係による差別を禁止している。そのため職員に対して、本来自由である政治的行為を制約してもよいのかという問題がある。

　一方、職員は全体の奉仕者としての地位を有するため、一党一派に偏する政治的行為を行うことはその使命に反するおそれがある。また、地方公共団体の行政は政治の影響を受けることなく、法令に従って公正・中立の立場で運営されなければならず、職員に対しても政治的影響から保護するため、一定の政治的行為を遮断する必要がある。

　このように、政治的行為の制限は、職員に対する政治的活動の自由の保障と、全体の奉仕者としての政治的中立性の調整を規定している。

政治的行為の制限

● 政治的行為制限の範囲

　政治的行為の制限には、憲法が保障する市民的自由・権利と、職員の公務員としての立場からの要請をどのように調整するかという問題がある。一般的には、職員のそれぞれの職務内容や特殊性により、その職務の執行を保障するために必要な限度においてのみ制限が許されると考えられている。

　判例では、「公務員の政治的行為を禁止することは、それが合理的で必要やむをえない限度にとどまるものである限り、憲法の許容するところであるといわなければならない。」とし、合理的で必要やむを得ない限度にとどまるものか否かの判断は、「禁止の目的、この目的と禁止される政治的行為との関連性、政治的行為を禁止することにより得られる利益と禁止することにより失われる利益との均衡の三点から検討することが必要である。」と判示している（最判昭49.11.6）。

● 政治的行為が制限される区域

　職員に対する政治的行為の制限は、文書又は図画を地方公共団体の庁舎に掲示する等の行為を除き、職員の属する地方公共団体の区域内に限られる。これは職員の権限の行使は、属する地方公共団体にとどまり、区域外においては政治的中立性を損ねるおそれはないと考えられたためであると思われる。

● 政治的行為の制限の特例

　地方公営企業の職員、特定地方独立行政法人の職員、単純労務職員、教育公務員には政治的行為の制限の特例が設けられている。

　地方公営企業の職員（政令で定める基準に従い地方公共団体の長が定める職にある者を除く）、特定地方独立行政法人の職員（政令で定める基準に従い理事長が定める職にある者を除く）及び単純労務職員はその職務が民間企業の職務内容と同様であると考えられるため、政治的行為の制限を受けない。教育公務員に関しては、国家公務員の例により、政治的行為の制限は全国に及ぶ。ただし、国家公務員と異なり罰則の適用はない。

　また、地方公務員法の特例として国民投票運動及び憲法改正において、賛否の勧誘行為と意見の表明について政治的行為の制限を受けない。

政治的行為の禁止

● **禁止される政治的行為**

職員に対して禁止される政治的行為は、政党その他の政治的団体の結成等に関する行為と、特定の政治目的を有する一定の政治的行為に分けられる。

● **政党の結成等に関する行為**

次の3つの行為は政治目的の有無、区域のいかんを問わず禁止される。

①**政党その他の政治的団体の結成への関与**

「政党その他の政治的団体」とは、政治資金規正法3条の「政党、協会その他の団体」と同じとされ、(1)政治上の施策・主義を推進・支持又は反対する団体又は(2)公職の候補者を推薦・支持又は反対する団体（本部・支部を含む）をいう。

「結成」とは、(1)団体を新たに組織すること、(2)既存の団体に新たにこれらの目的を併せ持つようにすることをいう。

「関与」とは、(1)発起人となること、(2)結成企画に係る団体の規約・綱領を立案し、結成準備のための会合を招集すること、(3)規約・綱領等の起草について発起人に助言を与え又は準備委員となる等発起人を補佐して推進的役割を果たすこと、(4)これらの行為のために、労力、金品等を提供し、宣伝、あっせん等を行って、その目的達成を容易ならしめるようにすること等一切の援助行為を含むものである。また、関与すること自体が禁止されるため、実際にその政治団体が結成されなかった場合も関与に含まれる。

②**政党その他の政治的団体の役員への就任**

「役員」とは、団体においてその業務の執行、業務の監査等につき責任を有する地位にある者及びこれらと同等の権限又は支配力を有する地位にある者をいう。なお、これらの団体役員以外の構成員となるのは禁止されない。

③**政党その他の政治的団体の勧誘運動**

「勧誘運動」とは、不特定又は多数の者を対象として組織的、計画的に構成員となる決意又はならない決意をさせるよう促す行為をいう。勧誘行為そのものを禁止しているため、相手方が職員であるか否か、実際に加入するか否かを問わない。なお、限定された少人数の友人に入党を進めることは勧誘運動に該当しない。

政治的目的と政治的行為の関係

● **特定の政治的目的を有する一定の政治的行為**

ここで禁止されるのは、特定の政治的目的に一定の政治的行為が伴う場合に限られる。また、禁止されるのは、文書、図画の掲示等の禁止を除き職員の属する地方公共団体の区域内に限られる。

● **特定の政治的目的**

①特定の政党その他の政治的団体又は特定の内閣若しくは地方公共団体の執行機関を支持（反対）する目的

「特定」とは、その対象の固有の呼称が明示されている場合のみならず、何人も容易にその対象を判断できる場合を含む。内閣及び地方公共団体の執行機関には過去のものは含まれないが、現在及び将来のものは含まれる。

②公の選挙又は投票において特定の人又は事件を支持（反対）する目的

「公の選挙又は投票」とは、法令に基づく選挙又は投票で、住民一般が直接参加するものをいう。しかし、直接請求に関する署名を成立させ又は成立させないこと並びに条例の制定、改廃及び監査請求は、これに含まれない。「特定の人」とは、立候補を届け出た者をいい、立候補しようとする者は含まれない。「事件」とは、法令の規定に基づき、正式に成立した議会の解散請求などをいう。

● **一定の政治的行為**

一定の政治的行為とは次のことをいう。

① 公の選挙又は投票において投票をするように、又はしないように勧誘運動をすること。
② 署名運動を企画し、又は主催する等これに積極的に関与すること。
③ 寄附金その他の金品の募集に関与すること。
④ 文書又は図画を地方公共団体の庁舎、施設等に掲示し、又は掲示させ、他の地方公共団体の庁舎、施設、資材又は資金を利用し、又は利用させること。
⑤ ①～④で定めるもののほか、条例で定める政治的行為。

なお、条例で政治的行為を規定する余地はほとんどないと解されている。

公職選挙法等による政治的行為の制限

● **制限の意義**
　職員がその影響力を利用して選挙等の実施を妨げることのないよう、立候補制限をはじめ一定の政治的行為が制限されている。地方公務員法とこれらの法律とはどちらか一方が適用されるのではなく、併せて職員に適用される。政治的行為を制限する法律としては公職選挙法、政治資金規正法があり、日本国憲法の改正手続に関する法律には制限と制限の特例が規定されている。

● **公職選挙法による制限**

①**立候補制限**　職員は在職中、国会議員、地方公共団体の長及び議員の候補者となることができない。候補者となったときはその届出があった日に、辞職したものとみなされる。職員には単純労務職員及び地方公営企業に従事する職員（課長以上又はこれに相当する職以上の本庁における職にある者を除く）は除かれる。

②**特定の職員の選挙運動の禁止**　選挙管理委員会の職員、警察官及び徴税の吏員は、在職中は一切の選挙運動が禁止される。これは地方公共団体の区域外においても禁止され、懲戒処分の事由となり罰則の適用がある。

③**地位の利用の禁止**　職員は一般職及び特別職を問わず、その地位を利用して選挙運動をすることが禁止されている。地位の利用による選挙運動としては、候補者の推薦に関与する等の行為、選挙運動の企画に関与する等の行為、後援団体の結成等に関与する行為、刊行物の発行等をする行為、公職の候補者等を推薦・支持若しくは反対する旨を申し出た者に対し利益を供与する等の行為が該当するとされ、罰則の適用もある。なお、学校長及び教員には、学校の児童、生徒及び学生に対する教育上の地位の利用による選挙運動も特例として禁止されている。

④**衆議院議員又は参議院議員となろうとする者の事前運動の禁止**　職員が国会議員になろうとする場合、その選挙区において職務上の旅行又は会議等の機会を利用した選挙人へのあいさつ、地位及び氏名を表示した文書・図画の掲示等、その選挙に関して選挙区内の者に特別の利益の供与等をすることなどの行為が事前運動として禁止されており、罰則の適用もある。

公職選挙法以外による政治的行為の制限等

● **政治資金規正法による制限**

政治活動の公正・公明性を確保するため、職員に対して、その地位を利用して、政治活動に関する寄附や政治資金パーティーなど資金集めに関与する行為が禁止されている。また、第三者は職員に対してこれらの行為を求めてはならない。職員の範囲には地方公営企業職員、特定地方独立行政法人の職員の大部分は含まれない。なお違反に対しては罰則が適用される。

● **日本国憲法の改正手続に関する法律による制限**

職員の政治的中立性を確保するため特定公務員、すなわち裁判官、検察官、公安委員会の委員及び警察官には国民投票運動が禁止されている。なお、違反に対しては罰則が適用される。

● **日本国憲法の改正手続に関する法律による政治的行為の制限の特例**

平成26年6月13日に成立した日本国憲法の改正手続に関する法律の一部を改正する法律では地方公務員に対して政治的行為の制限の一部が解禁されることとなった。

これは、日本国憲法の改正手続に関する法律制定時の附則11条におかれた国民投票期間中の公務員の政治的行為に関して、どのような行為を許容又は禁止するかの検討条項を受けて一定の法整備がなされたものである。

改正前は、国民投票における勧誘行為等について、国家公務員については、人事院規則で限定列挙される政治的行為に直接該当せず規制されなかったのに対して、地方公務員については、地方公務員法36条2項に規定する「公の投票」に国民投票が含まれ規制がかかるといった不均衡が存在していた。

改正により、職員には国民投票運動（憲法改正案に対し賛成又は反対の投票をするよう又はしないよう勧誘する行為）及び憲法改正に関する意見の表明に限り行うことができるようになった。

ただし、その行為が、職員に係る他の法令により禁止されている他の政治的行為を伴う場合は、従前どおり制限されている。

なお、国民投票運動に関する組織的な勧誘運動、署名運動、示威運動の公務員による企画等については、今後の検討事項とされている。

争議行為等の禁止

● 争議行為等の禁止の意義
　日本国憲法28条は一般的に労働基本権と呼ばれ、勤労者の団結する権利、団体交渉その他の団体行動をする権利を保障している。争議行為等はこのうちの「団体行動」に含まれると解されている。
　ここでいう「勤労者」には地方公共団体の職員も含まれており、労働基本権が保障されることが原則となるが、職員は民間企業の労働者と異なり、全体の奉仕者として公共の福祉のため勤務しなければならず、労働基本権に対して一定の制約を受けることになる。特に争議権はすべての職員に対して禁止されている。

● 争議行為等の禁止の合憲性
　地方公共団体の職員は、労働基本権に対して一定の制約を受ける。この問題についてはさまざまな学説があるが、職員の労働者としての立場と、全体の奉仕者としての使命を衡量しなければならない。
　これについて裁判所は、国家公務員に対しては「公務員の従事する職務には公共性がある一方、法律によりその主要な勤務条件が定められ、身分が保障されているほか、適切な代償措置が講じられているのであるから、国公法98条5項がかかる公務員の争議行為およびそのあおり行為等を禁止するのは、勤労者をも含めた国民全体の共同利益の見地からするやむをえない制約というべきであつて、憲法28条に違反するものではない」と結論付けている（最判昭48.4.25）。
　また、地方公務員に対しても判例は、地方公務員法上、地方公務員にも国家公務員とほぼ同様の勤務条件に関する利益の保障が定められていること、人事院制度に対応するものとして、中立的な第三者的立場から公務員の勤務条件に関する利益を保障するための機構としての基本的構造を持ち、かつ、必要な職務権限を与えられている人事委員会又は公平委員会の制度が設けられていることから、地方公務員の労働基本権の制約に見合う代償措置としての一般的要件を満たしているものとして認めることができる（最判昭51.5.21）と判示し、日本国憲法28条に違反しないと結論付けている。

職種による争議行為等の禁止

● 職種による争議行為等の禁止
　争議行為については、すべての職員に対して禁止されているが、地方公営企業の職員、単純労務職員については適用されない。

● 地方公営企業の職員への禁止
　地方公営企業の職員は、地方公営企業等の労働関係に関する法律（以下「地公労法」とする）11条1項により「同盟罷業、怠業その他の業務の正常な運営を阻害する一切の行為」が禁止されている。そのため、禁止される争議行為の範囲としては一般職員と同じであると考えられる。

● 地方公務員法と地公労法の違い
　地公労法では、禁止される対象には職員のほか、労働組合も含まれる。

　次に、ロック・アウトの禁止については、地公労法上明確に禁止されている。これは地方公営企業のサービスを中止することは、その公共性から認められないためである。地方公務員法上、これに類する規定はないが、公共の業務を中断することは許されないのは、当然である。

　また、争議行為の計画又は助長する行為についても一般職員と同様に職員及び労働組合に対して禁止されるが、罰則の適用はない。これは地方公営企業の運営を規制する各事業法に規定する罰則や刑法の罰則規定により、各事業の正常な運営を確保することができるためと考えられる。また、地方公営企業の業務が民間に近いものがあり、民間との均衡を考慮したためと思われる。

● 単純労務職員への禁止
　単純労務職員に対しては、地公労法附則により地公労法の規定が準用されるため、地方公営企業職員の場合と同様に取り扱われる。

● 警察職員及び消防職員と労働基本権
　警察職員と消防職員には服従義務が必要とされる。そのため争議権以外にも団結権、団体交渉権が認められておらず、労働基本権のすべてが否定されている。

　なお、消防職員から意見を幅広く求め、消防事務の円滑な運営を行うため、消防職員委員会の制度が設けられている。

争議行為等の実行行為

● 争議行為等の実行行為

　法律により禁止される行為は、争議行為等を直接実行する実行行為と、職員の争議行為等をあおる又はそそのかす等の助長行為に分けることができる。また、実行行為は、争議行為と怠惰的行為に分けることができる。

　争議行為とは、地方公共団体の業務の正常な運営を阻害する積極的行為であり、怠惰的行為とは、地方公共団体の活動能力を低下させる消極的行為である。条文上、同盟罷業（ストライキ）、怠惰（サボタージュ）が例示されているが、その手段から見て具体的な形態は多種多様である。

　争議行為等の実行行為の禁止は、同情ストライキ、抗議ストライキなども該当し、その目的のいかんを問わない。また、政治ストライキも争議行為に該当し、違法性の度合いが強く情状の重いものと考えられている。

● 争議行為等の実行行為の類型

　争議行為の類型として、主に次のようなものがある。

①**年次有給休暇闘争**　職員組合等の指令により、職員の全部又は一部が一斉に年次有給休暇を請求し、職務に就くことを拒否する争議行為。

②**時間内職場大会**　勤務時間にくい込む職場大会を開催する争議行為。

③**超勤拒否闘争**　繁忙期などに時間外勤務を組織的に拒否する争議行為。なお現業職員の場合、労働基準法36条に基づく協定（三六協定）を締結する必要があり、協定がない場合は超過勤務拒否に一応の合理的な理由があることになる。

④**宿日直拒否闘争**　宿日直の命令を組織的に拒否する争議行為。

⑤**遵法闘争**　職員又は職員組合等が自己の主張を貫徹するため、法令、規則等を厳密に遵守して管理者の命令に従わない行為。

⑥**デモンストレーションとピケッティング等**　これらの行為が争議行為等その他の違法な行為に該当するかどうかはケースバイケースであり、業務運営に支障を及ぼすときは争議行為等に該当する場合がある。

⑦**ビラ貼り**　闘争方法の1つとして行われるが、必ずしも直ちに争議行為に該当しない。通常は庁舎管理上の問題として責任が生じることになる。

争議行為等に対する責任

● 争議行為等の計画、助長行為

　地方公務員法は職員の争議行為等を企て又はその遂行を共謀し、そそのかす若しくはあおることをすべての人に対して禁止している。

　ここでいう「企てる」とは、争議行為を実行する計画立案、会議の開催などをいい、「共謀する」とは、2人以上の者が争議行為等を実行するために相談をすることをいう。また、「そそのかす」とは、他人に対し争議行為等を実行する決意を促す教唆であり、「あおる」とは、文書若しくは図画又は言動によって職員に対して争議行為を実行するよう促す行為を意味する。

　これらの行為を違法とするには、争議行為等が行われたかどうかが問題となるが、判例はこれらの行為が行われること自体が法律違反であるため、争議行為等が実行されたことを要件としないとしている（最判昭29.4.27）。

● 争議行為等の禁止に違反した場合の責任

　争議行為等を行った職員などの責任として、行為の内容によって懲戒処分、刑事責任及び民事責任の全部又は一部が追及されることとなる。

①**懲戒処分**　職員が争議行為等を実行した場合は、懲戒処分の対象となり、争議行為の方法によっては法令等及び上司の職務上の命令に従う義務、信用失墜行為の禁止、職務専念義務等にも違反することになる。また、計画、助長行為を行った場合も懲戒処分の対象となる。

　なお、職員は争議行為の開始とともに、法令等で認められる任命上、雇用上の権利をもって対抗することができなくなる。地方公営企業・特定地方独立行政法人の職員及び単純労務職員が違反した場合は、地方公営企業等の労働関係に関する法律の規定により解雇することができる。

②**刑事責任**　争議行為を実行した者については罰則は定められていない。しかし、争議行為等の計画、助長行為を行った場合は職員に限らず、罰則が適用される。ただし、地方公営企業・特定地方独立行政法人においてこれらの行為を行った者については罰則の規定はない。

③**民事責任**　民事上の免責規定は適用除外とされ、争議行為等により地方公共団体や住民に損害を与えた場合には、その賠償責任を負う。

営利企業への従事等の制限と許可

● 営利企業への従事等の制限

　職員は、任命権者の許可を受けなければ、商業、工業又は金融業その他営利を目的とする私企業の役員等の地位を兼ねること、若しくは自ら営利企業を営むこと又は報酬を得ていかなる事業若しくは事務に従事することはできない。これに違反した職員は、懲戒処分の対象となるが、罰則は定められていない。

　営利企業への従事等の制限を行う趣旨は、第一に勤務時間中かどうかを問わず営利企業に従事等する場合、職員の職務に対する集中心を欠き職務専念義務違反となるおそれがあること、第二に営利企業に従事等することは、職員が職務を遂行するに当たって、全体の奉仕者として求められる中立かつ公正さを害するおそれがあること、第三に営利企業に従事等することは、その内容によっては、職員の品位の問題を生じさせ、ひいては職全体の信頼性にかかわるおそれがあることである。そのためこれら3つのおそれがない場合に限り、許可を要件として任命権者が例外を認めるものである。

● 任命権者の許可

　職員が営利企業への従事等をすることについて、任命権者に許可を受けても、勤務時間中に従事する場合は、職務専念義務の免除又は年次有給休暇の承認を受けなければならない。

　また休職者には職務専念義務が免除されるが、営利企業の従事等の制限は適用されるため、報酬を得て従事等しようとするときは、任命権者の許可が必要とされる。

　人事委員会は、人事委員会規則により任命権者の許可の基準を定めることができる。ただし許可の基準を定めるときは、地方自治法により地方公共団体の長と協議を行わなければならない。

● 職員の兼職

　職員が他の地方公共団体の一般職の職を兼ねることは、重複給与の禁止の規定（24③）があり、問題が生じることはない。同一地方公共団体の内外を問わず、特別職を兼ねて報酬を得る場合、任命権者の許可が必要となる。

制限される営利企業への行為

● 制限される行為
　職員が制限される営利企業への従事等の制限には、次の3つの行為がある。
①**商業、工業又は金融業その他営利を目的とする私企業を営むことを目的とする会社その他の団体の役員その他人事委員会規則で定める地位を兼ねること**
　私企業には株式会社、合名会社、合資会社、合同会社、特例有限会社、その他営利行為を業とする社団も含まれる。しかし、農業協同組合、水産協同組合、森林組合、消費生活協同組合、財団法人などは営利を目的としていないため、その他団体には該当しないものと法律で解されている。職員は、該当しない団体の役員等となることはできるが、報酬を受ける場合には任命権者の許可が必要となる。また、役員とは、会社の取締役、監査役のような業務の執行又は業務の監査について責任を有する地位にある者及びこれらの者と同等の権限又は支配力を有する地位にある者をいう。人事委員会規則で定める地位には、営利を目的としない団体の地位を定めることはできない。
②**自ら営利企業を営むこと**
　業務のいかんを問わず、営利を目的とする場合は制限される。職員の家族が営利企業を営むことは制限されないが、家族の名義を利用して実質的に職員が私企業を営むことは脱法行為であり、懲戒処分の対象となる。
③**報酬を得て事業又は事務に従事すること**
　報酬を得る場合は営利、非営利にかかわらず任命権者の許可が必要となる。報酬とは給料、手当等の名称のいかんを問わず労務、労働の対価として支払われるものをいう。しかし、講演料や原稿料などの謝金、実費弁償、労務・労働の対価でないもの（お布施等）については報酬に該当しない。

● 教育公務員の特例
　教育公務員には特例があり、教育に関する他の職を兼ね又は教育に関する他の事業若しくは事務に従事することが、本務の遂行に支障がないと任命権者が認める場合は、給与の支給の有無を問わず、その職を兼ね又はその事業若しくは事務に従事することができるとされている。

退職管理の意義と禁止の対象となる職員

● **退職管理の意義**

　地方公共団体を定年等により退職した元職員が、再就職先である営利企業又は非営利法人のために現職職員に何らかの働きかけ（要求又は依頼）を行うこと等について住民に強い不信感があり、働きかけ自体が公務の公正及びこれに対する住民の信頼を損ねるおそれがある。

　これは元職員が現職職員に対して在職時の職務に関連し、一定の影響力を有する場合が考えられるためである。そのため元職員に対して現職職員に対する働きかけを禁止するとともに、働きかけを受けた現職職員に対して人事委員会又は公平委員会に対する届出義務を課している。

● **働きかけの禁止と職員の範囲**

　営利企業等に就職した元職員に対して禁止される働きかけは、在職していた地方公共団体と再就職先との間の契約又は処分であって離職後2年間、離職前5年間の職務に関し、現職職員に対して職務上の行為をするように又はしないように要求・依頼すること、その他自らが最終決裁者となり決定した契約・処分に関しては離職後2年間、離職前5年間の期限の定めはなく、現職職員への働きかけが禁止される。また、長の直近下位の内部組織の長であった者で、人事委員会規則で定める者は、その職務に就いていたときの契約又は処分に関して離職後2年間、働きかけが禁止される。

　元職員の影響力については、再就職先の法人格により左右されるものではないため、国などの公共団体は除かれるが、営利企業だけでなく公益法人等の非営利法人へ再就職した元職員も対象となる。

　規制の対象となる職員として再任用職員（短時間勤務職員）、一般職の任期付職員及び任期付研究員も含まれる。

　なお、臨時的職員、条件付採用期間中の職員、非常勤職員（短時間勤務の再任用職員を除く）並びにこれらの職であった者については働きかけの規制の対象とならない。退職手当通算法人の地位に就いた現役出向者（人事委員会規則で定める退職手当通算法人）、公益法人等への退職派遣者についても働きかけの規制の対象となる職員から除かれる。

退職管理の規制の枠組み

● 規制の枠組み
　国家公務員が一律に「局長」という単位で働きかけが禁止されるのと異なり、地方公務員は、在職していた地方公共団体の執行機関の組織等に応じて、現職職員に対する働きかけが禁止されている。具体的には、①地方公共団体の長部局、②警察本部及び警察署、③教育委員会、④議会事務局、⑤特定地方独立行政法人というように執行機関単位で分けられ、その単位に属する職員に働きかけが禁止されている。

　再就職者が働きかけをしてはならない範囲として、執行機関の附属機関は含まれず、また働きかけをしてはならない職員には、特別地方独立行政法人の役員以外の特別職は含まれない。

　地方公共団体は、働きかけを規制する職員の範囲として国の部長又は課長に相当する職に就いていた者、人事委員会規則で定める者に対して、条例を定めることによって働きかけの規制をすることができる。

● 規制の例外
　再就職した元職員の働きかけの行為は一律に規制されるわけではなく、公務の公正性に対する信頼を損なわない場合、当該再就職者の働きかけがやむを得ないものである場合、公務の円滑な遂行上必要とされる場合については例外が認められている。また、公務の公正性の確保に支障が生じないと認められる場合、人事委員会規則で定める手続きによって任命権者の承認を得た場合は働きかけの例外とすることができる。

● 働きかけを受けた場合の届出
　現職職員は再就職者から働きかけを受けた場合は、その旨を人事委員会又は公平委員会へ届け出ることが義務付けられている。違反した場合は懲戒処分の対象となる。

● 罰則
　働きかけをした元職員には10万円以下の過料、不正な行為をするように働きかけをした元職員及び働きかけに応じて不正な行為をした職員には1年以下の懲役又は50万円以下の罰金が処せられる。

退職管理における監視体制

● 人事委員会及び公平委員会
　再就職した元職員からの働きかけの規制を監視する監視機関として、国が内閣府に再就職等監視委員会及び再就職等監視官を設置しているのに対し、地方公共団体では、団体ごとに再就職の実態が違うこと、組織の肥大化を避ける目的などから、人事行政に関係の深い人事委員会又は公平委員会が監視機関に位置付けられた。

　なお、再就職等監視委員会と違い、独自の調査権限及び懲戒勧告権は人事委員会又は公平委員会には付与されておらず、地方公共団体の場合は任命権者が行うことになる。

● 違反行為の報告
　職員には、職員又は職員であった者が規制違反行為があると思慮する場合に、人事委員会又は公平委員会に報告する義務が課されている。規制違反は現職職員と退職職員の間で起こるため、事実の報告先が任命権者になると仲間意識が働き実態が十分解明されないおそれがある。そのため、第三者機関となる人事委員会又は公平委員会が報告先とされたのである。

● 働きかけ規制違反の調査
　人事委員会又は公平委員会が、任命権者が行う働きかけ規制の違反行為の調査に関して、調査の監視、評価・判断が行えるよう、任命権者に対して調査の開始と結果について人事委員会又は公平委員会に報告するよう義務付けている。人事委員会又は公平委員会には、任命権者の調査経過について聴取や意見を述べることができることを定めている。

　また、人事委員会又は公平委員会には、職員からの働きかけ違反の届出や、規制違反行為が行われた疑いがあると思慮するときには任命権者に対して調査を行わせることを可能としている。

● 地方公共団体の措置
　地方公共団体には再就職の状況等を踏まえ、再就職の状況の公表等、必要な措置を講ずる必要がある。また、条例を定めることで、元職員に対して再就職の情報の届出を義務付けることができる。

福祉と職員の利益保護

措置要求制度の意義と請求権者

職員は、給与、勤務時間その他の勤務条件に関し、人事委員会又は公平委員会に対して、地方公共団体の当局により適当な措置が執られるべきことを要求することができる（46）。

● **措置要求制度の意義**

全体の奉仕者である職員は、一般の労働者に認められる労働基本権の制限を受けるため、勤務条件の条例制定主義（24⑤）、情勢適応の原則（14）あるいは人事委員会の勧告制度（26）などにより代償措置が講じられているが、さらに、職員の適正な勤務条件を確保し、その権利利益を保護するため、この措置要求制度が設けられている。また、この制度の趣旨により、勤務条件を団体交渉によって定める権利を認められるなど一定の権利を有する地方公営企業職員及び単純労務職員には、この制度は適用されない（公営39①、地公労17①、同法附則⑤）。

なお、この措置要求の申出を故意に妨げた者は、3年以下の懲役又は100万円以下の罰金に処せられる（61Ⅴ）。

● **請求権者**

勤務条件に関して措置要求できる者は職員に限られるが、臨時職員や条件付採用期間中の職員も含まれる。ただし、退職後の職員は措置要求することができない（行実昭27.7.3）。また、退職者は退職手当についても措置要求できないとされている（行実昭29.11.19）。

職員が個々に請求することはもちろん、職員個々が共同して請求することもできる（行実昭26.11.21）。ただし、職員団体は、一般的な勤務条件のほか、職員個々の具体的な勤務条件についても措置要求できない（行実昭26.10.9）。

また、他の職員の具体的な固有の勤務条件について委任を受けない他の職員が代わって措置要求をすることはできない（行実昭26.10.9）が、委任を受けた職員が民法上の代理権の授受に基づいて行う代理行為は認められている（行実昭32.3.1）。

措置要求事項と審査

● **措置要求事項**

　措置要求できる事項は、給与、勤務時間その他の勤務条件である。ここでいう勤務条件とは、地方公務員法 24 条 6 項の職員の勤務条件、同法 55 条 1 項の職員団体の交渉の対象となる勤務条件と同旨である。

　勤務条件は、給与及び勤務時間のような、職員が地方公共団体に対し勤務を提供するについて存する諸条件で、職員が自己の勤務を地方公共団体に提供又はその提供を継続するかどうかの決心をするに当たり、一般的に当然考慮の対象となるべき利害関係事項であるとしている（法制意見昭 26.4.18、行実昭 35.9.19）。

　したがって、要求できる事項は広範にわたり、現に適用されている勤務条件の改善を求めるばかりでなく、現行条件を変えないよう要求することも可能である（行実昭 33.11.17）。

　措置要求できない事項は、勤務条件ではない事項であり、換言すれば、地方公共団体の管理運営事項に属するものである。例えば、旅費や時間外勤務手当等の予算の増額（行実昭 34.9.9）、勤務評定制度それ自体（行実昭 33.5.8）、服務に関すること（行実昭 27.4.2）などは措置要求の対象とはならない。職員の定数についても同様である（行実昭 33.10.23）。

● **措置要求の審査**

　措置要求の審査機関は、人事委員会又は公平委員会である（47）。県費負担教職員の場合は、その職員の任命権者の属する地方公共団体の人事委員会が審査機関となる（地教令 7）。措置要求を受けた人事委員会又は公平委員会は、委員会規則（48）に基づいて、事案について口頭審理その他の方法による審査を行い、事案を判定し、その結果に基づいて、その権限に属する事項については自らこれを実行し、その他の事項については、当該事項に関し権限を有する地方公共団体の機関に対し、必要な勧告をしなければならない（47）。なお、措置要求に対する判定についての再審の手続きはない（行実昭 33.12.18）が、措置要求が違法に撤去されたり、審査手続きが違法に行われた場合は、取消訴訟の対象となる（最判昭 36.3.28）。

厚生制度

● **制度の概要**

　地方公共団体は、適切かつ公正な基準により（41）、職員の保健、元気回復、その他厚生に関する事項について計画を策定し、これを実施することを義務付けられている（42）。

　職員の福祉を保護するための厚生制度について、地方公務員法は保健に関する事項、元気回復に関する事項、及びその他厚生に関する事項として次の諸施設を例示している。

①**保健に関する事項**

　職員用の病院、診療所、保健室などの医療施設及び保養所の設置、整備

②**元気回復に関する事項**

　海の家、山の家、運動場などの設置、図書室の設置、講習会の開催、体育大会や文化祭などの諸行事の開催など職員が利用し、参加できるような文化、体育、娯楽関係の施設の設置、整備

③**その他厚生に関する事項**

　安全衛生に関すること、住宅に関すること、生活援助等

● **制度の必要性**

　近代的公務員制度の確立以前は、厚生制度は使用者側の恩恵的なものとして考えられてきたが、現代では、地方公務員法に定めるように、職員の士気を高めることにより公務能率を増進させ、地方公共団体の行政を効率的にさせるとして、使用者である地方公共団体が当然に実施すべきとされている。

● **問題点**

　地方公共団体に義務付けられる厚生制度は、その経費を公費で負担している。そのため、この制度を利用し、受益する職員にとっては、実質的な給与であると考えられることがある。給与条例主義（25）の抜け道として悪用されるおそれもあり、適正妥当な制度の運用を常に心がけることが必要である。また、厚生制度の充実を理由に、基本的給与その他の勤務条件の改善を怠ることのないよう注意が必要となる。

共済制度の意義と概要

● **制度の意義**

　共済制度は、職員又はその被扶養者の事故（病気、負傷、出産、死亡、災害等）に関して、適切な給付を行うための相互救済を目的とする制度であり（43①）、これは法律によって定めることとされ（43⑥）、地方公務員等共済組合法が定められている。

　不慮の事故等がいつ起きるかは不確定であり、また、個人が個々に対処することも現実的であるとはいえない。そこで、多人数が相互扶助の精神で、共同分担して危険に対処することにより、生活の安定と福祉の向上に寄与することができる。

　しかも、同種の職務に従事する者の間では、危険発生の確率や程度にも一定の規則性があるため、個々人の負担も一定でよいことになり、保険団体を構成することが可能となる。

● **制度の概要**

　地方公務員の共済制度は、社会保険制度の1つとして、厚生年金、健康保険等の制度との均衡を必要とするが、何よりも国家公務員の当該制度との権衡を失しないようにしなければならない（43④）。

　また、共済制度の運営を健全なものとするため、特に経理については、保険数理を基礎として制度を定めることとしている（43⑤）。

　保険数理とは、収支相等の原則に立って保険事故に基づく支出と必要な収入とを確率的に測定し、将来にわたっての収支の見通しを立てる計算方式である。

　昭和37年12月1日から施行され、今に至る現行共済制度を確立した地方公務員等共済組合法及び地方公務員等共済組合法の長期給付等に関する施行法は、健康保険法及び厚生年金保険法の特別法たる地位を占めるものであるが、この制度には職員が相当年限忠実に勤務して退職した場合又は公務に起因する病気等により退職若しくは死亡した場合の退職年金に関する制度が含まれていなければならない（43②）。

年金制度

　職員が退職又は死亡した場合や一定の障害の状態になった場合、職員又はその遺族の生活の安定を図る目的で、年金制度を主とする共済組合の長期給付制度が設けられている。

　昭和 37 年に地方公務員等共済組合法が施行されるまでは、当時の吏員については恩給法に基づく恩給又はこれに相当する退職年金が、その他の職員には共済組合の長期給付又はこれに相当する給付が、それぞれ支給されていたが、現在は共済組合の長期給付として一本化されている。

　昭和 61 年に公的年金制度を一元化する制度改正が行われ、公務員の年金は、原則として、全国民共通の国民年金制度から基礎年金を、共済年金制度から給料比例の年金を受けることになった。なお、後者は、民間の厚生年金に相当する部分と公務員独自の給付である職域年金相当分からなる。退職年金の場合、65 歳から老齢基礎年金相当部分を含んだ金額を、共済年金として特別に支給することになっている。この年金を「特例による退職共済年金」という。その支給開始年齢は、平成 23 年度から 1 歳づつ引き上げられることになった。

　また、平成 27 年 10 月からは、地方公務員も厚生年金に加入することになった。

● **退職年金**

　退職年金を受給するには、① 65 歳に達していること、②組合員期間等が 25 年以上あり、かつ、組合員期間が 1 年以上あること、③退職していることの 3 つの条件を満たしていることが必要となる。

● **公務障害年金・公務遺族年金**

　公務障害年金は共済組合員が、在職中の疾病で障害状態（1 級～ 2 級）になったときに支給される（地共 97）。

　また、共済組合員が在職中に死亡したときや、退職共済年金等の受給権者が死亡したときは、その遺族に公務遺族年金が支給される（地共 93）。

公務災害補償制度

● **制度の概要**

地方公共団体は、職員が公務により死亡、負傷若しくは疾病にかかった場合は、その者又はその者の遺族若しくは被扶養者に対し、損害を補償する義務を負う。公務により負傷若しくは疾病により死亡し、又は障害の状態となった場合も同様である（45①）。

これらの補償が迅速かつ公正に実施されることを確保するための制度の確立を法は定めており（45②）、これを具体化したものが地方公務員災害補償法である。

この地方公務員災害補償法は、①公務上の災害だけでなく、通勤による災害についても補償の対象とする、②使用者側の無過失責任主義を採る、③年金制度を採用することで被災者の将来の生活を考慮した社会保障的な性格を持つという3つの性格を持つ。

● **制度の適用範囲と地方公務員災害補償基金**

この制度は、一般職及び特別職を含む。また、常勤、非常勤を問わずほとんどすべての地方公務員に適用される。除かれるのは、労働者災害補償保険法、船員保険法など、特定の法律の適用を受ける非常勤の地方公務員である。

議会の議員、各種行政委員会の委員、その他の非常勤職員は、地方公務員災害補償法に基づく各地方公共団体の定める条例によって補償が行われる（地公災69）ため、団体によって補償内容に差異があるが、常勤の職員については、地方公務員災害補償基金により、全国的に一律の補償が行われることになっている。

地方公務員災害補償基金は、補償の迅速かつ公正な実施を確保するために専門的機関として法に基づいて設置された公法人である（地公災3）。東京に本部が置かれ、都道府県及び政令指定都市に支部が置かれている。

● **請求主義による認定**

職員の死亡や負傷、疾病等が公務災害に該当するか否かは、公務災害補償を受けようとする者の請求に基づき、基金が認定することになる（地公災45）。

公平審査制度

● **制度の意義**

　公平審査制度とは、任命権者から懲戒その他その意に反する不利益な処分を受けたとして、処分を受けた職員から審査請求があった場合に、人事委員会又は公平委員会がその処分の適法性及び妥当性を審査・判定し、必要な措置を講ずる制度である。

　この制度は、人事行政の専門的かつ中立的機関である人事委員会又は公平委員会の準司法的機能の行使によって、職員の利益の保護を図るとともに行政の適正な運営を確保しようとするものである。

● **審査機関**

　職員の審査請求の審査は、処分庁の上級庁あるいは司法裁判所ではなく、人事委員会又は公平委員会のみすることができる（49の2①）。これは、手続きの簡易迅速はもとより、適法性のみならず妥当性についての判断をすることにより職員の救済に役立てようとするためであり、また、任命権者から独立した人事行政専門機関である人事委員会又は公平委員会が審査するという点に特徴がある。

● **審査方法**

　審査の方法は職権主義が採られる。人事委員会又は公平委員会は、自らの職権で審理を進め、自らの責任において真実を発見しなければならない（職権探知主義）。審理は書面審理と口頭審理により進められるが、審査請求があったときは、必ず口頭審理を行わなければならない。口頭審理は、その職員から請求があったときは公開して行わなければならない（50①）。

● **審査請求前置主義**

　職員に対する不利益処分であり、人事委員会又は公平委員会に対して審査請求できるものの取消しの訴えは、人事委員会又は公平委員会の裁決を経た後でなければ提起することができない（審査請求前置主義）。審査請求をあらかじめ経ることが、訴訟の円滑な進行に役立つとされることによる。

労働基本権

● 日本国憲法 28 条の「勤労者」としての公務員

　日本国憲法 28 条は、「勤労者の団結する権利及び団体交渉その他の団体行動する権利は、これを保障する。」と定めている。いわゆる労働基本権の保障、すなわち、団結権、団体交渉権及び団体行動（争議）権という労働三権を基本的人権の 1 つとして保障したものである。

　公務員が日本国憲法 28 条の「勤労者」であるかについては、我が国の労働法令が特に公務員を排除する規定を設けていないので、憲法の「勤労者」に含まれるとするのが通説である。判例も公務員が勤労者であることを繰り返し肯定している（最判昭 44.4.2、最判昭 48.4.25）。

　しかし、公務員の労働基本権については、民間企業労働者とは異なり、一定の制限がされている。

● 労働基本権の態様

区分	団結権	団体交渉権		争議権	主な根拠法
一般職員	○	△		×	地公法
教育職員	○	△		×	地公法 教特法
単純労務職員	○	職員団体 △	労働組合 ○	×	地公法 地公労法 労組法 労調法
企業職員	○	○		×	地公労法 労組法 労調法
警察職員 消防職員	×	×		×	地公法

○…制限なし、×…禁止、△…一部制限（交渉可、団体協約締結権なし）

職員団体

● **職員団体の概要**

　職員団体は、職員がその勤務条件の維持改善を図ることを目的として組織する団体又はその連合体である（52①）。この職員団体と労働組合法上の労働組合とは目的においては同じであるが、活動できる範囲及び構成員となれるものの限定性などの点において相違がある。すなわち、職員団体は団体協約を締結する権利が認められていないこと、職員に争議権が認められていないため、職員団体の争議行為も禁止されていることがある。また、職員団体の組織については、オープンショップ（参加意思が職員に委ねられた制度）が採られている（52③）。

　職員団体が、勤務条件の維持改善を図る主目的のほかに、社交的、厚生的事業を目的とすることは差し支えない。

● **職員団体の構成**

　職員団体の構成は、昭和48年の地方公務員法改正後は、職員が主たる構成員であれば足りるものとされている（通知昭40.8.12）。ただし、警察職員及び消防署員は、職員団体の構成員となれない（52⑤）。また、職員団体の連合体も職員団体である（52①）。

　管理若しくは監督の地位にある職員又は機密の事務を取り扱う職員（管理職員等という）は、それ以外の職員とは労使関係における立場が異なることから同一の職員団体を組織することができないが、管理職員等のみで職員団体を組織することはできる（52①）。管理職員等とそれ以外の職員が組織する団体は、地方公務員法にいう職員団体ではない（52③ただし書）。

　管理職員等の範囲は、中立的人事行政機関である人事委員会又は公平委員会がその規則で定めることとしている（52④）。

● **職員団体の登録**

　職員団体は、条例で定めるところにより、理事その他の役員の氏名及び条例で定める事項を記載した申請書に規約を添えて人事委員会又は公平委員会に登録を申請することができる（53①）。

労務交渉
（地方公務員法上の交渉）

● **労務交渉の意義**

職員が組織する職員団体は、給与、勤務時間、その他の勤務条件に関し、地方公共団体の当局と交渉することができる（55①）。地方公営企業職員又は単純労務職員（企業職員等という）が組織する労働組合もまた、権限ある当局と団体交渉を行うことが認められている（地公労4、労組6）。このように、労務交渉には、「地方公務員法上の交渉」と「団体交渉」との2種類がある。基本的な交渉の手続き、方法等についてはほぼ同じであるが、職員団体の交渉権には団体協約を締結する権限が含まれていない（55②）ため、団体交渉と区別されている。これは、職員の勤務条件は、原則として条例で定められることになっている（24⑤）のに対し、企業職員等の給与については、その種類と基準を条例で定めることとされ（公営38④）、労働条件については、原則として労働協約を締結することができる（地公労7）ためである。

● **地方公務員法上の交渉**

一方の当事者である地方公共団体の当局とは、交渉事項について適法に管理又は決定することができる者である（55④）。通常は任命権者そのものであるが、権限の委任を受けた者又はこれを代理する者等である場合もある。

法は、登録職員団体からの適法な交渉の申入れがあった場合は、当局に、交渉に応じることを義務付けている（55①）。なお、職員の給与、勤務時間その他の勤務条件及びこれに附帯する社交的又は厚生的活動に係る事項が交渉事項となり（55①）、地方公共団体の事務の管理及び運営に関する事項、いわゆる管理運営事項は、交渉の対象とすることができない（55③）。また、地方公共団体の当局と職員団体とが交渉を行うに当たっては、あらかじめ交渉に当たる者の員数、議題、時間、場所、その他必要な事項を取り決めるものとされている（55⑤）、すなわち予備交渉である。予備交渉で定める条件に反する状態が生じたときは、交渉を打ち切ることができる（55⑦）。

適法な交渉は、執務時間中においても行うことができる。

労務交渉
（団体交渉）①

● **交渉の当事者**

交渉の当事者は、原則として地方公務員法上の交渉の場合と同じである。地方公営企業職員の労働条件は管理者の権限であるため、当局は地方公営企業法の管理者又はその委任する者である。労働組合も、その委任した者に団体交渉を行わせることができる（労組6）。

● **交渉事項**

管理運営事項を除き、次の各事項が団体交渉の対象とされる（地公労7）。
①賃金その他の給与、労働時間、休憩、休日及び休暇に関する事項
②昇職、降職、転職、免職、休職、先任権及び懲戒の基準に関する事項
③労働に関する安全、衛生及び災害補償に関する事項
④①～③に掲げるもののほか、労働条件に関する事項

また、これらのほか、苦情処理共同調整会議の組織その他苦情処理に関する事項も対象とされる（地公労13②）。

● **交渉の方法**

労働組合から団体交渉の申入れを受けた地方公共団体の当局は、これに応じる義務を負う。正当な理由がなくこれに応じないときは、不当労働行為（労組7Ⅱ）となり、労働組合が労働委員会に申立てをし、労働委員会は審問を行い（労組27①）、申立てに理由があると認めるときは救済のための命令を発しなければならないとされる（労組27の12）。

労務交渉
（団体交渉）②

● **労働関係の調整**

　団体交渉によっても合意に達せず、紛争が発生又は発生するおそれがある場合には、紛争をできるだけ防止し、かつ、主張の不一致を友好的に調整するために、最大限の努力を尽くさなければならない（地公労2）。しかし、自主的解決の見込みがないときなどは、労働委員会が中心となって、あっせん、調停又は仲裁の手続きを執ることができる。

● **あっせん**

　労働委員会の会長は、当事者の双方もしくは一方の申請又は自らの職権に基づいて、あっせん員を指名し、あっせん員による事件の解決に努めなければならない（労調12、13）。

● **調停**

　労働委員会は、当事者の双方又は一方からの申請、自らの職権、厚生労働大臣又は都道府県知事の請求等（地公労14）により、仲裁を行う（地公労15）が、仲裁裁定に対しては、当事者は双方とも最終的決定としてこれに服従しなければならず、また、地方公共団体の長は、当該仲裁裁定が実施されるように、できる限り努力しなければならないとされている（地公労16①、②）。

　仲裁は、労働委員会の公益を代表する委員又は特別調整委員の中から3名の仲裁委員を選び仲裁委員会を設けて行われる（労調31、31の2）。仲裁裁定は、効力発生の期日を記した書面により行われ（労調33）、労働協約と同一の効力を有する（労調34）。

● **交渉の結果**

　労働組合は、労働協約を結ぶことができる（地公労7）。これは一定の法的拘束力を当事者双方に及ぼす。条例、規則その他の規程に抵触する内容の労働協約（正確には、労働協約以前の「協定」とされている）が結ばれたときは、地方公共団体の長は、条例、規則その他の規程の改正又は廃止のための措置（地公労8、9）、予算又は資金上の必要な措置（地公労10）を取らなければならないとされる。

労働協約

● 労働協約の意義

　地方公営企業職員及び単純労務職員は、労働組合を結成することができる（地公労5）。また、労働組合は、地方公営企業の管理者等権限を有する者と団体交渉を行い、労働協約を締結することができる（地公労7）。

　このことは、一般職員と異なり、地方公営企業職員及び単純労務職員は、地方公営企業が企業としての経済合理性を要請されていること、従事する職務内容が民間企業の労働者に類似しており、労働条件の決定について民間企業の労働者とほぼ同じ取扱いをすることが妥当であると考えられることによるものである。

　この労働協約は、労働組合法14条に定める「労働協約」であり、これに関する同法の規定が適用される。

● 労働協約の効力

　地方公営企業等の労働関係に関する法律7条は、労働協約の締結できる事項を定めているが、労働協約は、書面の作成、両当事者の署名又は記名捺印によって効力を生じる（労組14）。なお、労働協約は3年を超える有効期間を定めることができない（労組15）。

　労働協約には、これに違反する労働契約の部分を無効とする、いわゆる規範的効力がある（労組16）。また、1つの事業場に常時使用されている職員の4分の3以上の数を占める者が1つの労働協約の適用を受けるに至ったときは、他の職員にも適用される、いわゆる一般的拘束力がある（労組17）。

　条例に抵触する内容の労働協約は、条例の改正又は廃止がなければ、条例に抵触する限度で効力を生じない（地公労8）。予算についても同様である（地公労10）が、規則その他の規程に対しては労働協約が優先する（地公労9）。

不利益取扱いの禁止

● 不利益取扱いの禁止の意義

職員は、職員団体の構成員であること、職員団体を結成しようとしたこと若しくはこれに加入しようとしたこと又は職員団体のために正当な行為をしたことの故をもって不利益な取扱いを受けることはない（56）。

この規定は、労働組合法 7 条が定める趣旨と同じである。すなわち、同条は使用者が労働組合に対して一定の行為をすることを不当労働行為として禁止しているが、地方公務員法 56 条はこれに対応した規定である（通知昭26.1.10）。

禁止される「不利益な取扱い」とは、免職、降任、停職、減給などの処分のほかに、職員の身分取扱い上のすべての不利益な措置をいうものとされている。したがって、「不利益な処分」（49）よりも範囲が広く、昇給・昇格の延伸のような措置も含まれていると解されている。

● 団結権の保障

職員は全体の奉仕者として、日本国憲法に定める労働基本権について一定の制約を受けるが、団結する権利についてはほぼ完全に認められている。

団結権を保障するための法的保護としては、労働組合法 7 条がある。これは、労働者が使用者と対等の立場に立つために必要とされる団結の権利を法的に保障しようとするものであるが、地方公務員法も職員団体の結成等について、同旨の定めをしたものである。

● 不利益取扱いの判断基準

不利益取扱いの禁止は、職員の労働基本権の行使を保障しようとするものであるので、禁止される不利益取扱いには職員団体の合法的な活動を阻害しようとする任命権者の意図がなければならない。これは、任命権者の主観的な意思に基づくものばかりでなく、客観的にその意思が推定されればよい。要するに、他の特段の事情がないにもかかわらず不利益な取扱いをした事実があれば、本来の禁止に該当することになる。

もちろん、任命権者が合法的な職員団体の活動を阻害する意図がなく、他に理由があって行われる不利益取扱いは禁止されない。

地方公務員法の特例①

● **特例を定める法律**

　地方公務員法は57条で、「職員のうち、公立学校の教職員、単純な労務に雇用される者その他その職務と責任の特殊性に基づいてこの法律に対する特例を必要とするものについては、別に法律で定める。ただし、その特例は、第1条の精神に反するものであってはならない。」と規定し、特定の職員について、他の一般職員（4）と異なる取扱いをすることを明らかにしている。

　ここでいう特例を定める法律には、教育公務員特例法、地方公営企業等の労働関係に関する法律のようにその法律の規定の全部が特例をなすものと、地方公営企業法、警察法、消防組織法のようにその法律の規定の一部が特例をなすものとがある。

● **主な特例法**

　特例法の主なものは、次のとおりである。

①**教育公務員特例法**　　本法は、職務と責任の特殊性に基づき、教育公務員の任免、分限、懲戒、服務、研修等の特例について定めている。

②**教育行政の組織及び運営に関する法律**　　県費負担教職員の任用等の身分の取扱いについて規定している。

③**警察法**　　地方警察職員の任免、勤務条件、服務等について規定している。

④**消防組織法**　　消防職員、消防団員の任命等について規定している。

⑤**地方公営企業法**　　企業職員の身分取扱いに関する規定を定めている。

⑥**地方公営企業等の労働関係に関する法律**　　企業職員及び単純労務職員の労働関係について規定している。

⑦**その他の特例法**　　以上に述べた法律以外にも、地方公務員の身分取扱いについて、地方公務員法の特例を定める法律は少なくない。例えば、企業職員や単純労務職員については、一般職員には適用除外となっている労働組合法の適用があること、また、労働基準法2条（労働条件は、労働者と使用者が対等の立場において決定すべきもの）が適用されることなどがその例である。

地方公務員法の特例②

● **特例を定める目的**

　地方公務員法は、戦前の前近代的な公務員制度の果たした役割に対する反省の上に立って、民主的かつ科学的な近代的公務員制度を確立すべく制定されている。今日、住民のニーズは複雑多様化し、それに応えるための地方公共団体の役割も変容し、一口に地方公務員といっても、それぞれの行政に携わる職員の職務内容と責任は、専門技術的なものから単純なものに至るまで多岐にわたっている。

　そのため、これらの者を一律に同じ法規律のもとに置くことは、かえって適正な人事行政の運用を期しがたく、ひいては地方公共団体の行政の民主的かつ能率的な運営に支障をきたすおそれがないとはいえない。そこで、地方公務員法は、職員のうちその職務と責任の特殊性に基づいて特別の規定を必要とする場合には、1条の根本精神に反しない限度で特例法を定めることができる旨を明らかにしている。

● **特例の主旨**（特例と1条との関係）

　地方公務員法57条が設けられたのは、地方公務員法が一方で地方自治の本旨の実現に資することを目的にすると同時に、他方、それが地方公務員の基本的人権の尊重・確保を図ることを主要な内容としていることにかんがみ、特例を定めるに当たって法律以外の法形式を排除するとともに、特例そのものも、1条に定める根本精神に反することができないものであることを明らかにしている点にその意義があると考えられる。

　なお、57条は、特例を定めることのできる職員として公立学校の教職員、単純な労務に雇用される者その他これに準じる者を挙げているが、本条の趣旨に照らせば、特例の制定の権利をこれらの者に限定するものではないといえる。

10

その他

職員研修

● 職員研修の意義

　地方公共団体の行政の民主的かつ能率的な運営を保障する（1）ためには、行政施設等の整備のみならず、行政運営に携わる職員個々の資質の向上が肝要である。そのため、職員には、その勤務能率の発揮及び増進のために、研修を受ける機会が与えられなければならない（39①）。

　一般に研修とは、自ら行う「研究」と「修養」と、他から行われる「教育訓練」があるとされるが、本来の「研修」は任命権者が行うもの（39②）であるので、他律的な意味と解してよい。しかし、教える者と学ぶ者との目的の合致が教育効果を最大にするといわれており、このことは職員研修についてもいえる。

　社会経済の変動が激しく、住民の行政需要が多様化する今日、地方公共団体の行政もこれに的確に対応する必要があり、合理的な人事管理、適切な職員処遇、そして職員研修が三位一体となって遂行されなければならない。

● 研修の実施

　研修の機会を与え（39①）、研修を実施するのは任命権者である（39②）。また、地方公共団体は、研修の目標等研修に関する基本的な方針を定めるものとされている。他方、職員は、その勤務時間及び職務上の注意力のすべてをその職務遂行のために用いることとされている（35）、いわゆる職務専念義務である。また、勤務時間外は原則として自由な私生活の時間帯である。

　このため、研修の実施責任は任命権者であるとともに、研修を受けている間は、その職員の職務専念義務が免除される必要がある。任命権者は、研修ニーズの把握に努め、研修計画を立案し、実施した研修の効果を測定することにより、次の研修計画の立案に資するようにしなければならない。

　また、研修と合理的な人事管理との連携を図るため、研修についての記録の作成保管はもとより、職員個々の履歴にも研修受講の事実を記録することが必要である。

OJT と Off-JT

● **研修の方法**

研修の方法には、日常の業務の遂行に即して職場で行われる職場研修（On the Job Training）と、職場外の研修施設などで一定の目的を定め担当職務を離れて行われる職場外研修（Off the Job Training）がある。

● **OJT**

OJT は、管理監督者が部下に対し日常の職務遂行を通じて、職務に必要な知識、技能、接遇の態度、職場の人間関係などの能力向上のために、職員訓練の目的を持って計画的に行う研修である。

OJT の利点としては、一人ひとりの職務の実情を十分に把握できること、職務上必要な研修ポイントを集中的に教育訓練できること、職務の遂行状況との関係で弾力的な運用ができ、しかも研修が職務と直接結びついているため、効果測定が比較的容易であることなどが挙げられる。

一方、管理監督者側に十分な指導能力がないとき、また、計画性に欠けるときはあまり効果が挙げられないという欠点がある。仕事の繁忙を理由に中断することも多く、職務上の指導との区別がつけにくい場合もある。

● **Off-JT**

担当職務を離れて、職場の外で行われる職場外研修である。多くの職場から研修施設などに集まって実施されることから、集合研修と呼ばれることもある。

研修の目的に従って、体系的なカリキュラムを組み、適切な講師や教材を用意することができることから、効率的な研修の実施が可能である。利点としては、多数の職員を同時に教育訓練できること、職務経験や職場環境の異なる職員の交流という副次的な効果も期待できることが挙げられる。一方、研修を実施する側の意図と研修を受ける側の意図がかみ合わないこと、研修効果の測定が難しいという欠点がある。

単純労務職員①

● **単純労務職員の範囲**

　地方公務員は、任用の性質等諸々の観点から分類される。その1つとして、職務に応じた身分取扱いをする必要から、職務の種類による分類が行われている。地方公務員法は、「職員のうち、公立学校の教職員、単純な労務に雇用される者その他その職務と責任の特殊性に基づいてこの法律に対する特例を必要とするものについては、別に法律で定める。」と規定し、特例を設けている（57）。

　しかし、現在のところ単純労務職員の範囲を定める法令はない。したがって、職員が単純労務職員に該当するかどうかは、その者の職務及び責任の実態に基づいて判断すべきであるとされている（行実昭37.3.23）が、具体的な範囲はおおむね次のとおりである（単純な労務に雇用される一般職に属する地方公務員の範囲を定める政令（昭26政令25）参照…現在は失効）。

　次に掲げる者のうち、技術者、監督者及び行政事務を担当する者以外のものをいう。
①守衛、給仕、小使、運搬夫、雑役夫
②土木工夫、林業夫、農夫、牧夫、園丁、動物飼育人
③清掃夫、と殺夫、葬儀夫
④消毒夫、防疫夫
⑤船夫、水夫
⑥炊事夫、洗たく夫、理髪夫
⑦大工、左官，石工、電工、営繕工、配管工、とび作業員
⑧電話交換手、昇降機手、自動車運転手、機会操作手、火夫
⑨青写真工、印刷工、製本工、模型工、紡績工、製材工、水工、鉄工
⑩溶接工、塗装工，旋盤工、仕上組立工、修理工
⑪①から⑩に掲げる者に類する者

単純労務職員②

● **単純労務職員と一般職員の異同**
　地方公務員法の規定は、原則として一般職に属するすべての地方公務員に適用される（4①）が、その職務の特殊性にかんがみ、特定の職員（教育職員、企業職員、単純労務職員、警察職員、消防職員等）については、他の一般職員と異なる取扱いを定めている。

● **一般職員と異なる取扱いが行われている規定**
　一般職員と異なる取扱いが行われている規定は、次のとおりである。
① 「人事委員会及び公平委員会並びに職員に関する条例の制定」（5）については適用しない（地公労附則⑤、公営39①）。
② 「人事委員会又は公平委員会の権限」（8）については任期に関する規定以外の規定は適用しない（地公労附則⑤、公営39①）。
③ 「人事評価の根本基準」（23）については、実施は任意である（地公労附則⑤）。
④ 「給与、勤務時間その他の勤務条件」については給与の種類と基準のみを条例で定める（地公労附則⑤、公営38）。
⑤ 「政治的行為の制限」については適用しない（地公労附則⑤、公営39②）。
⑥ 「研修についての人事委員会の勧告」（地公労附則⑤、公営38、39①）については適用しない（地公労附則⑤、公営39①）。
⑦ 「勤務成績の評定についての人事委員会の勧告」（40②）については適用しない（地公労附則⑤、公営39①）。
⑧ 「勤務条件に関する措置の要求」（46～48）や「不利益処分に関する審査請求」（49～51）については適用しない。
⑨ 「他の法律の適用除外等」（58）については適用しない。すなわち、労働協約締結権を有し、勤務条件条例主義の適用がない単純労務職員について、一般職員には適用除外となる労働基準法2条（労働条件の決定）が必然的に適用される等である。

総務省の協力及び助言

● 地方公共団体の人事行政

　地方公共団体の人事行政は、地方公務員法によって確立される地方公務員制度の原則に沿って運営されなければならない。同法の目的としている地方公務員制度は、民主的かつ能率的な近代的公務員制度である。すなわち、現行法は、同制度における前近代的な理念（例えば、戦前の官公吏は天皇に対して忠実無定量の奉仕関係にあった）を根本から拭い去るとともに、技術的には科学的な人事制度を取り入れている。具体的には、①全体の奉仕者としての地方公務員、②勤労者としての地方公務員、③成績主義（メリットシステム）の確立、④地方公務員の政治的中立性の確保である。

　したがって、近代的地方公務員制度の根底にある民主的な理念を十分に理解し、併せてそれに内在する高度の専門的技術を習熟する必要がある。それがまた、地方公務員法の目的とする地方公共団体の行政の民主的かつ能率的な運営を保障するバックボーンとなり、地方自治の本旨の実現に資することになるのである。

● 総務省の協力、助言

　総務省は、地方公共団体の人事行政の運営に関し、協力及び技術的助言をすることができる（59）。その理由として次の3点が考えられる。

　第一に、地方公共団体のみの判断によって人事行政に関する条例や人事委員会規則等が制定される場合には、地方公務員制度の各所に不均衡を生じるおそれがあるためである。このことは、地方公共団体の民主的かつ能率的な行政運営を阻害し、ひいては職員の利益保護にも困難をきたすことになる。

　第二に、国政の大部分は法定受託事務等地方公共団体の行政を通じて実施され、その地方公共団体の行政は人事行政の運営によって大きく左右されることになるので、国としても重大な関心を寄せているためである。

　第三に、近代的地方公務員制度の理念及び技術の理解を地方公共団体のみに委ねると、適切かつ合理的な地方公務員制度の確立及び人事行政の運営には、相当の時間を要すると考えたためであるとされる。

【参考文献】

米川謹一郎編著『地方公務員法の要点』〈第8次改訂版〉
地方公務員昇任試験問題研究会編著『地方公務員法101問』〈第1次改訂版〉
地方公務員昇任試験問題研究会編著『これで完璧　地方公務員法200問』〈第1次改訂版〉
（いずれも学陽書房）

【著者一覧】（執筆順）

田中　富雄	三郷市役所	はしがき、第1・2章、第9・10章
青木　　隆	長野県庁	第3・4章
杉谷　知也	政策法務・MIE	第5〜8章

※本書の記述は、各著者個人の責任において執筆したものであり、所属団体とは無関係である。

超はやわかり　地方公務員法

初版印刷　2015年11月10日
初版発行　2015年11月26日

著　者　青木　隆・杉谷知也・田中富雄
発行者　佐久間重嘉
発行所　学　陽　書　房

〒102-0072　東京都千代田区飯田橋1-9-3
営業●TEL. 03-3261-1111(代)　FAX. 03-5211-3300
編集●TEL. 03-3261-1112(代)　FAX. 03-5211-3301
振替　00170-4-84240
装幀／佐藤　博　DTP制作／みどり工芸社　印刷・製本／三省堂印刷

©T. Aoki, T. Sugitani, T. Tanaka, 2015, Printed in Japan
ISBN 978-4-313-20531-4　C2032
※乱丁・落丁本は、送料小社負担にてお取り替え致します。

これだけで大丈夫！
地方自治法50問

地方公務員昇任試験問題研究会［編］定価＝本体1,900円+税

昇任試験受験者が短期間で習得できるように、地方自治法の頻出問題を必要最小限度の50問に厳選した問題集。連携協約制度等に係る平成28年施行の自治法改正まで対応した最新版！

これだけで大丈夫！
行政法40問

地方公務員昇任試験問題研究会［編］定価＝本体1,900円+税

昇任試験受験者が短期間で習得できるように、行政法の頻出問題を必要最小限度の40問に厳選した、効率的な問題集！ 各設問では、五肢択一の問題と肢別の解説を見開きで掲載し、さらに各設問の「重要ポイント」を見開きで整理解説。

これだけで大丈夫！
地方公務員法40問

地方公務員昇任試験問題研究会［編］定価＝本体1,900円+税

昇任試験の地方公務員法対策として、これさえ学習しておけば本試験に対応できる40問を厳選。短期間で頻出項目の重点的な学習ができる便利な1冊。
平成28年4月施行の地方公務員法の大改正に対応！